怪談社THE BEST
邪の章

伊計 翼

竹書房
怪談
文庫

目次

廊下で報せ

その男性は家の廊下が怖くて仕方がない。

理由は次のようなものだった。

男性の祖父は亡くなる前、死んだ祖父の兄に家の廊下で逢ったらしい。

男性の父親は亡くなる前、死んだ祖父に家の廊下で逢ったらしい。

男性の母親は亡くなる前、死んだ父親に家の廊下で逢ったらしい。

みんな病気や事故だったし、特に短命だったワケではない。寿命といえば寿命だ。

家族で健在だったのは、男性と祖母だった。

男性はいずれ母親と廊下で逢う気がした。

では祖母はだれに逢うのだろうか。

「私、だれに逢うと思う?」

「さあ?　もしかしたら、ぜんぜん知らないひとだったりして」

「ぜんぜん知らないひと?　それは怖いわあ」

冗談まじりでそんな会話をした。

臨終の場、病室で祖母が男性にいった。

「そういえば、家の廊下で逢ったよ」

「え？　だれに逢ったの？」

「あんたの母親だったよ。よかった、よかった」

「え、母さんに？　じゃあ、おれは……だれに逢うんだ？」

「ぜんぜん知らないひとに逢うのは、あんただよ」

そういって嬉しそうに笑って満足気に亡くなった、という話である。

対応

夫が「昨日、金縛りになった」というと「興味ないわ」とそっけなく妻はいう。
経験上わかっているからだ。
このように対応すれば、部屋の隅にうずくまっている人影が消えることを。

嗤っていた

「――心霊スポットにいってから息子の様子がおかしくなったんだよ。

部屋からでてこず、食事もとらず、もう二週間が経つ。

あまりにも心配だった私は――こっそり部屋を覗いた。

ゆらゆら揺られて、なにもない空間をただ眺めてふふふと嗤《わら》う。

こちらに気づかず、なにもない空間をただ眺めてふふふと嗤う。

どうだった、あの子の様子は？　と尋ねてくる妻になにもいえなかった。でも、そのうち心配していた妻も、息子のそれが感染したみたいにふふふと嗤いだした。

これはいけないと私もふふふと嗤った。

ああ、良かった。これで家族はつながった。もう大丈夫。もう安心だ。

それはそうと、いまからみんなで死のうと思う。

最後まで聞いてくれてありがとう。それじゃあ、さようなら」

廃墟から持って帰ってきた、古いテープから流れてきた男性の声だ。

一緒に聞いていた友人たちも固まったまま動けない。

テープをとりだそうとしたら「あ、追伸――」とまた声がはじまった。

「心霊スポットにいったの、息子じゃなくておれだからふふふふ」

すぐに外のゴミ収集場にいき、テープを捨てたそうだ。

逃げろ逃げろ

引っ越しが終わり、新居での初日のことだったという。
段ボールだらけの部屋で布団を敷き、電気を消して寝転がった。
すると、甲高《かんだか》いアニメの声が聞こえてきた。

はやくはやく、急げ急げ、見つかる見つかる、逃げろ逃げろ、見つかる見つかる。

(壁、うすい……隣の部屋のひと、アニメ好きなんかのう)
なんのアニメかはわからなかったが、毎晩聞こえたら厭だな、と思った。
(ちゃんと家具配置して。段ボールから荷物をだしたらこんな響かんじゃろ)
そんなことを考えながら目をつぶった。
声は長いあいだ聞こえていたが昼間の疲れもあって、そのうち眠ってしまった。
朝になり、角部屋ということを思いだして、昨夜の声が妙に思えた。
(気のせい？　夢かのう。疲れとったし)と荷物を片付けだした。

収納のために押し入れを開けると、点々としたシミが無数にあった。
水滴を散らばらせたような感じで、不思議に思って顔を近づけ目を凝らす。
「……これはなんじゃ？　靴？」
数センチほどの靴跡が無数についている。よく見ると裸足の足跡もあった。
靴跡は二日もしないうちに消えて、声も二度と聞こえることはなかった。
広島市内の古いアパートでの話である。

最近

「最近、なんか私ね……」

友人がそこまでいうと「お腹？　体調悪いの？」といい当てることができた。

ちいさな胎児のようなモノが、腹部にたくさん貼りついていたからだ。

「病院いったほうがいいかなあ？」

それに対して「お祓いにもいったほうがいいよ」とは、いえなかった。

だれだ

N村さんは小学生のころ、林間学校でとある地方の宿に泊まった。
大人数でひとつの部屋、そんな夜は初めてだった。
楽しくて就寝時間を過ぎても、小声でしゃべっていた。
すると部屋の戸が乱暴に開かれ、強面《こわもて》で知られている教師が現れた。
布団が戸に近かったN村さんがいちばん驚いた。
「おいッ、就寝時間だろッ！　静かに寝ろッ」
面白いもので、口裏をあわせてもないのに、全員が一斉に寝たフリをした。
教師はちいさく舌打ちをすると、戸を閉めて去っていく。
みんなクスクスと笑った。
しばらく小声でしゃべり続けていたが、ひとり、またひとりと黙っていく。
ついには寝息をたて、本格的にみんな眠りだした。

再び戸が開かれる音にビックリして、N村さんは目を覚ました。

「こらッ、静かにしろっていっていっているだろうがッ」

そして、また閉められた。

N村さんは眠っていたが、だれか起きてしゃべっていたのかな、と思った。

またしばらくすると戸が開かれて、

「お前らいい根性だッ」

そういって、あの教師が叩くように壁のスイッチを入れ、電気をつけた。

「もう眠らなくていいッ、全員起きていろッ」

みんなは寝ぼけた顔のまま、躰《からだ》を起こした。

ひとりが手を挙げて「……先生、みんな静かに寝てましたよ」といった。

「ウソつくなッ、ブツブツしゃべってただろッ」

みんなが不思議そうな表情を浮かべたので、教師もおかしいと思ったようだ。

「じゃあ、だれかのイタズラだな。だれだッ、正直にいえッ」

すると後ろから、別の教師がわりこんで入ってきた。

「はーい、はいはい。みんな静かにね。おやすみ」

そして一方的に電気を消し、教師を外に連れだして戸を閉めた。

みんなワケがわからなかったが、眠かったので布団に伏せて眠ってしまった。

N村さんも眠ろうとしたが、外からふたりの教師の声が聞こえた。

「……本当ですか？」

「ずっとです。この部屋から聞こえるように感じますが……わからないんです」

しばらくの沈黙のあと「……本当ですね。聞こえますね」と強面の教師の声。

「そうでしょう？　もう、ずっとなんです。これって絶対に……何人かの」

お経ですよね、と小声で話していた。

頭いいよね

　ホラーや怪談が好きなカップルの会話である。

「心霊スポットでお酒、呑んだら楽しいんじゃない？」と彼女。

「いや、心霊スポットで酒なんか呑んだら、肝試し連中がきてウザいよ」と彼氏。

「じゃあどこで呑むの？」と尋ねる彼女。

「事故現場！　マジなにか起こりそうで面白そうじゃん」と答える彼氏。

　頭の良くないふたりは「さっすが！　頭いいよね！」と事故現場にいき、缶チューハイで乾杯。買ってきたお菓子を食べていたところ、暴走車が突っ込んできた。

　カップルを轢《ひ》いた車には、心霊スポットに向かっている最中の、別のカップルが乗車していたという。

室内魚

主婦のF子さんが体験した話。

深夜、五歳の息子が眠っている寝室から声が聞こえてくる。

おや、まだ起きているのかなと、そっと近づいて聞き耳を立てた。

「ぶくぶく、ばしゃばしゃ」

なにかつぶやいていたので、すこし開けたままにしておいたフスマから覗《のぞ》いた。

布団から腕をだして、両手を上に向けて遊んでいた。

お遊戯のように手をひらひら、ひらひらと動かしている。

「こーら。はやく寝ないと明日、幼稚園に……」

寝室に入ったF子さんは信じられないものを見た。

息子の真上――天井の辺りに、大きな魚が三匹浮かんでいる。

まるで空中を泳いでいるかのようだった。

「きゃッ！」

F子さんは思わず声をあげてしまった。

途端《とたん》に、魚は三方向に素早くわかれて、いなくなった。

「もー。お魚さん、逃げちゃった」

息子はふくれっ面をしたが、F子さんは電気をつけて部屋をよく探した。

やはりどこにも、そんなものはいなかった。

F子さんはなにかを見間違えたと思うことにした。


息子が中学生になったころ、こんなことをいいだした。

「おれ、むかしさ、部屋んなかで、浮かんで泳ぐ魚、よく見てたんだよね」

そのときF子さんは（やっぱりいたんだ）と、やっと確信を持てたそうだ。

花首

ショットバーのマスターから聞いた話である。

ある夏、N子さんというお客が店にきてくれた。

彼女はキャバクラに勤めていたが、結婚を機に仕事を辞めて、家庭に入るという。

ちょうど、その夜が最後の出勤だったらしい。

「これからは、あまりこれなくなるけど、またよろしくね」

そういうと、持っていた花束からいくつか花を選び、マスターに渡した。

マスターはさらにそこから一輪だけ抜き、首を切ってショットグラスに入れた。

「――お酒のアテにでも」

N子さんの前に花が入ったショットグラスが置かれた。

「残酷だというひともいますが……こうすると、けっこう長持ちするんですよ」

N子さんは水に浮かんだ花を、軽く押したり、なでたりして愛でた。

彼女は「可愛いね」とカクテルのおかわりを注文した。

マスターがシェイカーを振ってグラスに注《そそ》ぐ。

そのとき、N子さんが眉間《みけん》にシワをよせているのに気づいた。

「どうかされましたか？」

「……これって、どうなってるの？」

ショットグラスに浮いた花が、ゆっくり回転していた。

「……押したから、まわってるんじゃないんですか？」

N子さんは指で花の動きを止めた。

花はすこし浮き沈みをして、そしてまた、くるくると回転をはじめた。

「勝手に……まわってますね」

「どうしてかしら」

「きっと花が、ほめられたから喜んでいるんじゃないですか」

不思議に思いながら花を見ていたが、団体客が店に入ってきた。

途端、花はぴたりと回転を止めたそうだ。

部屋に呼ばれる

その体験者は安いという理由で、前の住人が自殺したという事故物件を選んだ。

二階建てアパートの一階で、築年数は四十年をこえている。玄関を開けると廊下兼台所にユニットバス、扉をはさんで部屋がある一般的な1Kである。

何歳のひとが、どうやって亡くなったのか詳細は教えてもらえなかった。

考えてみれば、教えてもらったところでムダに怖くなるだけだし、別に血の跡が残っていたり死臭がしたりはないだろう、そう思って気にしなかった。

実際、リフォームされた部屋は綺麗で、変なニオイなどまったくしない。

ただひとつ問題があるとするなら、月に何度か金縛りが起こることだった。

眠っていると目が覚めて、意識はあるが躰が動かない。

まったくピクリとも、微動だにできない。

その状態になる前に金縛りの前兆のような音が、台所から聞こえてくる。

くるとわかっても対処の方法がない。

まるでコンクリートで固められているように、動けなくなる——。

金縛りがあった翌日は一日中、躰がだるくなり気分が落ち込んだ。それでも、家賃が安いほうがいいに決まっている。月に何度かだけ我慢すればいいことだ――そんな意地のようなものを持っていた体験者だったが、やはり引っ越してしまった。

その理由が次のような「金縛り」にあったからだ。


友人に金縛りのことを相談すると、ただの夢だといわれてしまった。

「寝るときにさ、音楽でも流せば怖い夢は見ないんじゃないか」

夢だといわれたのは、ウソを吐《つ》いていると思われたみたいで、すこし厭な気持ちになったが、音楽くらいで金縛りが解決できるならと体験者は実行することにした。

それから毎晩、寝る前はスマホで音楽を流すようになった。

ジャンルはいろいろだった。

よく眠れる気がしてヒーリングミュージックを選ぶことが多かったそうだ。


その夜、いつものように音楽を流してから電気を消し、ベッドに寝転がった。

すぐにウトウトして眠りに落ちていく。

音楽が遠ざかったとき、金縛りの前兆、あの音が台所から聞こえてきた。

台所はせまく、シンクとユニットバスへのドア、そして玄関だけだ。

それなのに、なにかがガタガタ揺れる音が台所から聞こえてくる。

しばらくすると、すーッと木を擦《こす》るような音。

すぐに音の正体が「ふすまのような引き戸を開けたもの」とわかる。

しかし、そんなものは台所にはない。

どッ、どッ、どッ、という重い足音が時間をかけて、ゆっくり近づいてくる。

そのころには起きようと思っても、もうまったく躰を動かせない。

まぶたも閉じたままなので、なにも見えない。

流している音楽は聞こえていたが、そんなもの意味がなかったようだ。

これはもう、どうしようもないのか——。

そう思っていると、部屋のドアが開く音がした。足音も近づいてくる。

くそ。きた、きた、きた、きた。

いつもなら、足音はベッドの前で止まり、じっと見下ろしている気配がして、気がつけば朝になっている。

しかし、音楽を流していたせいか、そのときは違った。

ベッドの前で足音が止まると同時に、息が聞こえてきた。

それは、ゆっくりと体験者の耳に近づいて、このようにささやいてきた。

「――逃げないと、オマエも部屋に呼ばれるぞ」

朝、体験者は引っ越しを決意した。

あの声が、亡くなった前の住人の忠告のような気がしてならなかった。

音楽を流すなどの対策をしてまで、怪異を気にしないように努める体験者に、直接なにかを教えてくれたように思えた。ただ、声のいっていた「部屋に呼ばれる」とはどういう意味か、やはり気になっているそうだ。

マンホール

大阪市生野区《いくの》に住んでいたTさんの話である。

心霊関係の番組やホラー映画が大好きな彼は、実際に心霊スポットにいって霊が現れるかどうか検証することを趣味としていた。

カメラを持って撮影にいったり、ひとが話す怪異談を録音したりしていた。

そんな彼に情報提供する友人も多かった。

「あそこの廃屋には一家心中をした家族の霊がでる」

「あの山にある小屋はＵＦＯの基地につながっている」

よくある怪談や都市伝説のような話ばかりだが、Ｔさんは喜んで足を運んでいた。

ある日、Ｔさんのもとに友人から電話があった。

唸《うな》るようなひとの声が響いてくるマンホールを見つけた、というのだ。いままで聞いたことがない、新しい怪異談かもしれないと思いつつもＴさんは尋ねた。

「唸るって、流れる下水の音がそう聞こえるんやないの？」

友人は実際に聞いたし、本当にひとの声だったと興奮している。

（そんなにか……いってみようかな）

Tさんは詳しい住所を友人から教えてもらった。

ネットの地図で確認するうち、期待は高まっていった。


友人から聞いた場所、N県K市に到着した。

田舎の街並みと新興住宅地が混ざりあう地域で、交通の便もよいとはいえない場所だった。観光地も近くにあったので、そこに寄ったあと、Tさんはマンホールを探しにいく。

ところが、その場所をなかなか見つけることができない。昼間は秋晴れでさわやかな空だったが、夕方になると雲行きが怪しくなり、ついに雨が降りはじめた。

コンビニで購入した傘を片手に、諦めず探索していた。

「――あった、これだ」

Tさんはついにマンホールを見つけた。

周辺の景色、マンホールの模様。特徴は友人から聞いたものと一致している。

興奮を抑《おさ》えながら、マンホールのそばにしゃがみ込んで耳をすませた。

強い雨音と下水の流水音しか聞こえない。

（――こりゃダメだな）と自分の運の悪さにため息を吐いた。

レコーダーをカバンからとりだして、しゃがむと録音ボタンを押した。

やはり、じゃばじゃばという音しか聞こえない。

「なにしとるんや」

後ろから声をかけられた。

振りかえると、近所の住人なのだろう、中年男性が傘もささずに立っていた。

雨のなか腰をかがめ、マンホールに向かって聞き耳を立てている。確かにTさんの姿はひとから見れば、かなり奇異に映る。恥ずかしくなって、立ちあがった。

「あの……環境音、録《と》っていたんですよ」

そういって「雨だから」と空を指さして、レコーダーを見せた。

中年男性は「……そこ」とマンホールに目をやって続けた。

「前にちいさな子どもが落ちたんや」

「え？　子ども？」

「マンホールのフタの盗難や。一時期、流行《はや》ったやろ。変なヤツ、おるから」

そういうとマンホールをじっと見つめて、なぜか哀しそうな目になった。

フタがないのに気づかず、落ちて亡くなった子どもがいる、という話だろうか。

中年男性は背中を丸めて、どこかへ歩いていった。

家に帰ったTさんは機嫌がよかった。

なにせ、例のマンホールに子どもが落ちたことがある、という話を聞いたのだ。

今日はダメだったが、また今度いってみよう。もしかしたら聞こえてくるという唸り声は、落ちて亡くなった子どもの苦しみの声なのかもしれない。本来なら喜んではいけない内容だが、Tさんは不謹慎にもいい怪談を見つけたと喜んでいた。

（そうだ、もしかしたら聞こえてなかっただけで、録音はされているかも）

レコーダーを再生して確認したが、まったく録れていなかった。

子どもの唸る声は当然だが、中年男性の声もまったく録れていない。

まるでひとり言をしゃべっているように、Tさんの声だけが収録されていた。

思い起こしてみれば、あの雨のなか――中年男性は濡れていなかった。

怖い車

中古車販売店の社長が車を仕入れてきた。

外見に問題はなく故障個所がないにもかかわらず、かなりの安値だった。

社長は嬉しそうだったが、他の社員は「事故車ではないか」とウワサしていた。

その車がきてから起こったことを、ここに記しておく。


中古車販売誌の発売日、大勢の客が店にくるが、その車には見向きもしない。

車内に人影があったといいだす者が社員のなかに現れる。

幼い子どもが、その車に向かって手を振っている。

通行人から「子どもがたくさん車内で遊んでる。危ないだろ」と注意される。

その車にワックスをかけるのを社員全員が嫌がりだす。

販売店の営業が終わる時間、店頭の広いスペースに展示していた車を敷地内に並べるとき、その車だけが勝手に移動しているが、だれが動かしたかわからない。

車で帰る社員たち数人が何度も事故を起こす。

出勤すると机の上の物や観葉植物が倒れていたり、椅子が移動していたりする。
電話応対していたお客に「子どもの笑い声がうるさいです」といわれた。
震えた社長から「冗談でもあの車を事故車というな」という謎の指示がでた。
ボンネットや窓にたくさんの手形がついていた。
そして窓についている手形は、すべて内側からつけられたものだった。
三カ月後に子連れの若い夫婦が、その車を購入していった。
なにかクレームがくるのではないかと心配したが、連絡は一切なかったという。

首塚の話

京都にある首塚大明神《くびづかだいみょうじん》での話である。

人物などの配置が複雑だったので、すこし手を加えたことを了承頂きたい。

八年ほど前、H川さんは友人たちと車で肝試しにいくことになった。

どこにいくか考えたあげく、H川さんの運転で首塚大明神に決まった。

老ノ坂《おいのさか》トンネルの直前を曲がると、街灯もない真っ暗な道を進む。

車が一台通るのがやっとの小川沿いの道。

月明かりと木々のシルエットで、いっそう雰囲気が不気味になっている。

友人たちのひとりが「ここも有名な場所やで」と指さした。

道に沿ったところに建っている廃モーテルだった。ウワサでは殺人事件があったとされる場所だ。そこから首塚大明神まで徒歩でいける距離だった。

肝試しにきてこんなに雰囲気のあるところを素通りしたくない。

H川さんたちは廃モーテル前に停車すると、なかに入っていった。物色したが特になにも起こらなかったので、そこに車を停めたままにして、すぐにまた首塚大明神に向かうことにした。

なぜか首塚大明神での怪異は、車中で起こることが多いといわれている。深夜になれば他に交通手段がないので当然だが、車で訪れる者たちばかりだ。首塚大明神には、せまい道を通っていくが、到着するとすぐ前に車を停めることができるスペースもある。手前の廃モーテルに車を停めて徒歩だった彼らには、車じゃなかったせいかもしれないが、怪異は起こらなかった。それでもH川さんたちは恐怖を堪能して、充分に満足していた。

廃モーテルの前までもどり、車に乗りこむと発進させる。

すぐに、ばんッと大きな音と衝撃がした。

全員、身をすくませて「なんや、いまの音!」と車内は騒然となった。

なにかがトランク付近にぶつかった音だった。

確かめるため、H川さんは車を降りようとした。

それを助手席にいた友人が「やめとけ」と止めた。

「黙ってたけど、ずっと子どもの声が聞こえてるねん。そのまま帰ろう」

不気味なことをいいだした。

「こ、こんな時間、こんなとこに子どもなんか、おらんよ」

やはりチェックしておこうと、何人かで車を降りてトランクの付近を調べる。

まわりにはだれもおらず、いままで歩いてきた真っ暗な道が続いているだけだ。

「おい、これ……」

トランクに懐中電灯の光をあてた友人が震えながら指をさす。

そこにはひとの脂《あぶら》でついたような、ちいさな手形がハッキリとあった。


この体験を聞いたR成さんは「自分もこんなことが」と話してくれた。

R成さんは暴走族のメンバーだった。

その夜、七名ほどでどこを走ろうか、バイクを停めて考えていた。

だれからともなく、肝試しにいこうという声があがった。

清滝《きよたき》トンネルに寄ってから、首塚大明神に向かうことに決まった。

R成さんは清滝トンネルに何度もいって馴れており、特に怖いとは思わなかった。

実際、到着しても唾を吐いたり大声をあげたりの横暴な振るまいをおこなった。

調子に乗ったR成さんは、トンネル出口の横にちいさな地蔵を見つけると、

「どおっりやあ！」

地蔵にドロップキックをして、他のみんなに豪胆さを誇示した。

さすがにそれはバチが当たると、友人のひとりが倒れた地蔵を起こしにいく。

ところが持ちあげて起こした途端、ぼろっと首が落ちた。

「ああっ、とれてもうたがな！」

さすがにR成さんもあせってなおそうとしたが、ダメだった。

欠けた部分が大きく、首は胴体にのることもできなくなってしまった。

仕方がなく胴体と首を並べて、もとあった場所にもどしておいた。

「お前……さすがに呪われるんとちゃうか」

「うるさいわい！」

そのままバイクで移動し、首塚大明神に向かった。

先の話にもあった廃モーテル前に、R成さんたちはバイクを停めた。

徒歩で向かい、首塚大明神に到着すると、鳥居をくぐり階段をあがっていった。

雰囲気はあったが、何事も起こらず、すんなり肝試しは終了した。

あまりにも呆気《あっけ》ないので、すぐにはバイクを停めた場所にもどらず、

「たき火でもしようぜ」

階段をおりた横にあるフェンスの前に座り込んだ。

そして、落ちているゴミを燃やし、路上で本当にたき火をはじめた。

みんなで火を囲んでいると、自然に怪談がはじまった。

そのうちひとりが「なあ……子どもの声が聞こえへん？」といいだした。

みんな黙りこみ、周囲に耳をすます。

「……なんにも聞こえへんよ」

「いや、実は……オレもさっき聞こえた気がした」

「オレも」

「お前ら、マジでいってるの？」

R成さんは笑ったが、怪談会は盛りあがった。

ところがしばらく続けていると、R成さんの耳にも子どもの声が届いた。

「……マジで？　いま、おれも聞こえた」

他にもさっきは聞こえなかったが、いまのは聞こえたという者がいた。

挙手して確かめると、全員が聞いているということがわかった。

なにかをいっているような、笑っているような妙な声だったそうだ。

「そ、そろそろいこうか」

みんなが腰をあげようとしたとき、ひとりが「うおッ！」と声をあげた。

「いま、そこに……」

立ちあがろうとするひとりの背中から、男の子が顔をだしたというのだ。

全員でまわりを見渡すが、だれもいない。

「キモいから、もう帰ろう」

その場をあとにしてバイクを停めた廃モーテルに向かった。

各々、キーをだして挿《さ》そうとしたときだった。

「うわッ！　だれやねん、こんなことしたん！」

R成さんが声をあげた。

彼のバイクシートの上に、ちいさな地蔵の首がのっていた。

「これ、さっきの地蔵……？」

とにかく怖かったので「す、捨てろ！」と友人が叫んだ。

R成さんは両手で首を掴んだまま動かない。

「なにしてるねん、はよ捨てろや」

「ちがう、ねん、この首、めっちゃ」

重い！　とR成さんは顔を真っ赤にして答えた。

そんなはずはない、さっきは首よりも大きい胴体を起こすことができた。

友人も一緒に首を持ちあげようとする。

「おおッ！　マジで重い！」

ふたりがかりで持とうとしたが、首は微動だにしなかった。

さらにもうひとりが手伝って三人で動かそうとした。

「うおおおッ！」

首はゆっくりと宙に浮き、やっとシートからどけることができた。

そのまま道に放り投げると、そうそうにその場から退散した。


あとで祟りでもあるのではと心配したが、なにも起こることはなかった。

電話中

大阪に住むIさんの話である。

彼が高校生のころ、同じ中学出身のT也くんの家に集まっていた。

集まるのは高校で出会った気のあう連中ばかりで、おしゃべりをしたりトランプをしたり、時間が夜であることを除けば極めて健全な仲間だった。

T也くんは実家住まいだったが、彼の部屋は庭に面しており、みんなは出入りに庭の戸を使っていた。彼の家族と顔をあわせず、部屋に入って集まることができる都合のいい出入口だったのである。

当時は携帯電話もなく、部屋に自分専用の固定電話を持っている者も珍しくなかった。T也くんも部屋に専用の電話を持っていたので連絡をしてからくる友人もいたが、ほとんどは勝手に訪れていた。

そこでIさんはこんな体験をしたという。

ある夜、バイトが終わったIさんはT也くんの部屋にいった。

いつもは庭の戸の鍵が開いているので勝手に入るが、そのときは閉まっていた。

ノックをすると、すぐにT也くんがでてきた。戸を開けて、

「いま電話中やから、静かにな」

小声でそういいながら、ひと差し指を口にあてた。

そして置いていた受話器を手にとって、通話を続けだした。

Iさんは（だれとしゃべっているのかな？）と座って、買ってきた珈琲を飲んでいた。

目の前にあった雑誌を読みながらも、声が耳に入ってくる。

「そうやねん。ぼくも頑張っているんやけどな――」

「ホンマは資格とる勉強もしたいんやけど――」

「あの子は断ったわ。いま女子とつきあっている場合じゃないもん――」

T也くんの発言を聞いて、なんだか変だと思った。

知っているT也くんの性格とは違う、真面目を装っているような感があった。

察するに、年上の人間と話しているようだった。

Iさんは（コイツ、いい子ぶって嘘ついてるやん）と笑いそうになった。

それでも邪魔にならぬよう、静かに電話が終わるのを待っていた。

「――うん、きてる。なんで？　わかった、代わるわ」

T也くんはIさんに受話器を渡した。

「ごめん、代わってくれる？　なんか代わって欲しいって」

静かにしていたのに自分がいることが、相手にはわかっていたようだ。

それより、代わってくれとはどういうことなのか。

「だれなん？」

「能勢《のせ》に住んでる、オレの叔母さん」

Iさんは戸惑いながらも、なんの用かと受話器を耳にあてた。

「はい、もしもし？」

「もしもし。わたし、T也の叔母です」

酒に焼けたような、がらがらの中年女性の声が聞こえてきた。

「ああ、はじめまして。Iです。なんでしょう？」

「なんでしょうじゃないわよ。いま何時だと思っているの？」

「はい？」

声こそ荒げてないが、厭な感じが充分すぎるほど伝わってきた。

「T也は厭がっているのに部屋に入り込んで。迷惑ってわからないの？」

「迷惑？　どういうことですか？」

「どうせ、あんたはバカ高校通ってるんでしょ。T也の足引っ張らないでよ」

「足引っ張る？　なんなんですか？」

「だからT也の家が都合いいからって、利用してるんでしょ。漫画を買う金がないのならバイトでもして買えばいいじゃない。なんでわざわざ読みにくるのよ」

一方的に文句をいわれ続けて、Iさんは腹が立った。

確かにT也くんの家を「たまり場」として利用していることは否《いな》めない。

だが、それは無理やりではないし、T也くんが家に呼ぶこともよくある。

自信満々にいう叔母さんの口調から、察することができた。

T也くんが友だちを貶《おとし》めて、自分の評価をあげている節があるのだ。

すべて嘘ではないことにも、かっとなった。

部屋に集まる友だちのなかに貧乏な子がいて、彼は漫画が大好きだった。

T也くん自身がその漫画を買ったからと、彼を家に呼ぶこともある。

でも裏ではそんなことをいっていたのかと、我慢できなくなった。

当のT也くんは困った表情をしている。

Iさんがなにを叔母にいいだすか、気が気ではないといった様子である。

叔母さんは文句をいい続けていたが、とても聞いていられない。

Iさんは黙って受話器をT也くんに渡した。

急に電話を代わられた叔母は、電話の向こうで怒っているようだった。
それをT也くんが必死になだめようとしている。
Iさんは腹の虫が収まらず「帰るわ」と戸を開けて家をあとにした。
この一件から、彼の家にいくことはなかった。
仲間に話すこともできたが、それではT也くんと同じになってしまう。
Iさんはだれにもそのことを話さなかったそうだ。

それから二十年ほどの月日が流れた。
地元の懐かしい友達から連絡があり、久しぶりに集まることになった。
Iさんも変わらず大阪に住んでいた。
その時期、仕事に追われる日々が続いていたので、飲み会を楽しみにしていた。
指定された居酒屋にいくと、すでに数人が集まっていた。
さらに時間が経つと、また何人か現れだす。
昔話や現状報告を話して盛りあがっていた。
「そういえばT也とか、なにしてるんやろうな」
だれかがいうと別の友人が「あいつ、大変やったな」とジョッキを置いた。

「小学生のとき事故で両親死んでもうて。ずっと、ひとりで暮らしてたんやで」

「え?」

ひとり暮らしだったと聞いてIさんは驚いた。

「親の残した財産で生活してたって。身内は近くに住んでたお祖父《じい》さんだけ」

「唯一の身内? 近くに住んでたお祖父さん?」

「知らんかったやろ。オレもよく家いってたけど気がつかんかったもん。ときどき様子見るために、お祖父さんがくるだけで、ほとんどひとりで生活しとったみたい」

両親が亡くなっていたことを聞いて、Iさんは納得するところもあった。あれだけ頻繁《ひんぱん》に出入りしていたのに、一度も逢わなかったのはそういうことだったのだ。

「車の事故らしいわ。親せきの叔母さんが運転する車が事故したらしいで」

「親せきの……叔母さん?」

「叔母さん、口うるさいババアやったらしい。T也から聞いたことあるんやけど、事故のときも運転しながら文句言うてたって。なんかT也の育てかたのこととか。生き残ったん、小学生のあいつだけで、両親も叔母さんも即死やったらしいで」

「唯一の身内が近くに住むお祖父さんだけ? 叔母さんも即死?」

しかし、その叔母さんと電話で話したことがある。

自分の記憶を疑ったが、間違いなく高校時代のことだ。

「T也か……そういえば、来てないな。呼ばんかったんか?」

友人のひとりが「ああ、おれが」と手を挙げた。

「携帯の番号教えてもらって誘ったよ。飲み会あるから行こうやって。そしたら」

T也くんは誘いを断り、携帯を切る前に暗い声でこのようにつぶやいた。

いま家の電話中で、大事な話しているところやから。じゃあな。

恐地

絶対に場所が書けない体験談のひとつである。

Wさんは二十年ほど前、結婚と同時にマンションを購入した。

かなり広く、当時、最新鋭の設備がついた部屋だった。

完成から間もなく、ほとんどの部屋はまだ埋まっていないころだった。

ある夜、夕食のあと。

Wさんの奥さんは台所のシンクに水を溜めて、汚れた食器を浸《ひた》していた。

シンク自体も大きいのでたくさんの食器が入る。

Wさんが風呂に入っているあいだに食器を洗おうと、奥さんは台所に目をやった。

そこでシンクの様子がおかしいのに気づく。

(お湯……入れたかしら)

溜められた水から湯気のような、蒸気のような白い煙がでている。ぷくぷくと泡がでているワケではないが、まるでなかにドライアイスが入っているようだ。

奥さんがシンクの前に立つと、水から、ぬっとなにかが浮かんできた。

それは角が生えた、恐ろしい般若《はんにゃ》の顔だった。

同じころ、躰を洗い終わったWさんは、バスタブに浸かっていた。
顔をタオルで拭《ぬぐ》い、息を吐いて、心地いい温度を楽しむ。
Wさんの折り曲げた膝のあたり、湯の中心から、まっすぐに湯気がでていた。
（なんだ、この湯気……煙？　なんかヘンじゃないか？）
目を細めた瞬間、湯から般若の顔が飛びでてきた。
Wさんは悲鳴をあげてバスタブからでると、振りかえって凝視した。
垂直になって水面に立っているのは間違いなく般若の「面」だ。
真っ直ぐにWさんのほうを向いている。
すぐに風呂場からでると、Wさんの奥さんがやってきた。
ふたり同時に「お面！」と叫んだ。
急いで用意していた服を着ていると、玄関の向こうが騒がしいのに気づく。
マンションの通路から大勢の声が聞こえてきた。
玄関ドアを開けると、何人ものひとたちが通路にいる。
あるひとはパジャマで、あるひとは半裸。「警察を呼べ！」と叫んでいる男性、泣いている女性、数珠《じゅず》を握りしめてお経を唱えているお年寄りもいた。

どうやら全員が般若の「面」を見たようだった。

ただ「面」の現れかたがみんな違っており、Wさん夫妻のように水から現れたひともいれば、テレビの後ろから浮きでてきたというひともいた。鏡が割れて現れたといっているひともいたらしい。一階に駐在していた警備の人間が呼びだされたが、あたふたするばかりでマンションは騒然となった。


この「般若が目撃された」という話はすぐに建設会社と管理会社に連絡された。

数日後、マンションでは大がかりなお祓いが行なわれることになった。修行僧の男たちが何人もマンションにやってきた。Wさんは（こんなお祓いの専門家が実際にいるんだ）と驚いた。半日以上かけて、お経や祈祷《きとう》がマンションのさまざまな場所で行われたそうだ。

そのあと「面」を目撃した住人たちに和解金が支払われた。

だれもが口止め料とわかっていたが、金額が大きかったので全員が受けとった。

それでも、Wさんは気になることがあるという。

修行僧のような男のひとりが途中、こんなことを仲間につぶやいていたらしい。

「いくらやっても無駄だ。この土地は腐っている」

言葉の通りだったのか――その後、ここに書けないような事故や事件が何度も起こった。住民たちは次々と引っ越していったそうだ。

この内容を「恐地」というタイトルで載せたのが、もうずいぶん前のことだ。そのマンションには現在だれも住んでいない、といった言葉で締めた。

この話、実は日本で起こった話ではない。ぼくが意図的に伏せて隠したのだ。怪談マニアには海外であっても、場所を特定しようとするひとたちが一定数いるからだ。探しだし、現地のひとたちが迷惑をこうむるケースがときどきある。

ぼくが場所を書いたことによって現地のひとに迷惑をかけてしまうことは、じゅうぶんにあり得るからだ。だから体験者が「伏せてくれ」と希望しなかったとしても、プライバシーの保護のため、ぼくの判断で地名を書かなかったり場所を変えたりし、特定されないようにしている。

そのせいもあり逆に興味を強くひいてしまったのか「このマンションって、あの事故があったマンションじゃないんですか」などと連絡がくることも多かった。

連絡があったそのマンションは大きな事故のせいで、ゆっくりと廃墟になっていったところだ。

それ自体は珍しいことではない。

実はマンションの場合、特にそこが地方なら、事故や事件のせいで入居者が転居してしまうケースはかなりある。酷い場合は「あの有名な事件の犯人が同じマンションに住んでいた」という理由だけで、入居者が激減することもあるのだ。

家主には迷惑な話であるが、ひとの口には戸は立てられぬということだろう。

ただ、どんなに探しても「恐地」のマンションには絶対にいくことができない。

引っ越さなかった住人を巻きこんで、崩壊し、現在は存在しないからだ。

見知らぬ老婆

すこし変わった話をUさんから聞いた。

残業していた彼がオフィスで書類をまとめていると、デスクの電話が鳴った。

先に帰宅した上司からだった。

「はい、お疲れさまです。どうされました？」

「まだ会社か？　お疲れさま。ちょっとさ……変なこと聞くけどさ、うーん」

いいにくそうに上司は間をためてから、Uさんに聞いてきた。

「今日、ミーティングやっただろ。会議室での」

「はい、やりましたね。なにか問題がありましたか？」

「問題はないんだけど、ミーティングに参加したメンバー。全員、覚えてるか？」

「はあ、メンバーですか、えっと確か会議室にいたのは……」

誰々さんと誰々さん、あとは——とUさんは参加した社員の名前を挙げていく。

「以上ですかね。ぼくも含めて全員でえっと……十五人です」

「だよな……変だな」

「なんですか？　どうかされました？」

「もうひとりいなかったか？　ホワイトボードの前の列、いちばん端に」

「一番前ですよね、えっと……あ！」

思い浮かべると、もうひとりの参加者の姿が浮かんだ。

「いましたね、確かに。あれ？　だれだろ？」

「そうだろ！　いただろ！　でも、だれかわからないんだよ、あのひと」

上司も会議室にいた係長からの電話で、初めて思いだしたらしい。

「お婆さんですよね、座っていたの」

「そう。年配の女性だよ。なんであそこにいたんだろ。てか、だれだろう？」

ミーティングの内容は新しいキャンペーンの指針のことだった。スポンサーがいたり他社がかかわっていたりする企画ではなかった。部外者がいるのはおかしい。

かといって、まったくの他人が座っていたなら、その場で本人に尋ねたはずだ。

どう考えても納得できないのは上司も同じようだった。

「あの……会議室にいたお婆さんて、どんな服装でしたか？」

「服装って、みんなと違って背広ではなくて、確か赤色の模様が……」

「そうですよね、赤の模様が入った着物じゃありませんか？」

「……思いだした！　そう、着物だッ。着物で座ってたよな！」

「ですよ！　でも、社員たちが大勢いるなか着物って、かなり目立ちますよね」

「だな……なんでだれも、あのひとのこと気にしなかったんだろ？」

着物ということを思いだすと、ますます不思議だった。しかも、派手な色が使われた着物の老婆のことをいまのいままで覚えていないのは得心がいかない。

「お前さ、ちょっと悪いんだけど同僚の奴らにも聞いてみてくれないか？」

「そうですね、もしかしたら心当たりのある者がいるかもしれません」

電話を切ったUさんは上司に頼まれた通り、同僚たちに連絡を入れてまわった。

その結果、妙なことがわかった。

会議室にいた全員が老婆のことを目撃していた。にもかかわらず、なぜか訊かれるまで老婆を認識しておらず、全員が「確かにいた！」と思いだすだけだった。

結局、思いだすことはできたものの、老婆の正体を知っている者はいなかった。

この妙な出来事はわからず仕舞いで、何年もの月日だけが経つのだが――。

令和二年、コロナによりリモートワークが主流になった。

多くの社員が自宅で仕事をするなか、数名は会社に出勤しなければならず、そのなかに

Uさんもいた。どうしても会社に集まる情報や書類の処理をする者が必要だったのだ。

ある昼間、自宅にいる社員たちと出勤しているUさんが、テレビ通話で打ちあわせをしていた。

「それじゃあ、そういうことで皆さんよろしくお願いします」

打ちあわせが終わってしばらくすると、社員のひとりからUさんに【あの、後ろにお婆さんいましたよね？　だれだったんですか？】というＬＩＮＥがきた。

Uさんはノートパソコンの、自分の顔が映っていた画面フレームを思いだした。

「……あッ！」

打ちあわせに使ったのは、例の会議室だったという。

怪しい電話

新宿駅前の喫煙所で、Sさんはこんな電話をしているひとを見つけた。
見た目は普通の会社員のようだが、すこし変な目つきの男だった。

「もしもし、まだ？　オレずっと待ってるんだけどさ。まだかかりそうなの？　いや、新宿だよ。昨日○○にいったよ、ちゃんと教えとけって。聞いてないの？　そうなの？　あ、そうなの。いや、先にアポあったのは知ってるけど実際、急がせたのは向こうじゃん。だからオレ、予定キャンセルしてさ。おう、そうだよ。そうだよ。でもさ、至急必要っていってたからさ、重いのに持ってるんだよ、いま。あ？　石に決まってるじゃん。これ何キロあるんだよ、めちゃくちゃ重いんですけど。リュックの底、抜けそうだし」

軽い口調だが、どことなくイライラしているのがわかった。

「こんなのぶちまけたら、オレ絶対拾わないよ。え？　いや、入ってるけど落ちたら、あんなビニールなんてすぐに破れちゃうし。うん、うん。いや、じゃあこれどうするの？　霊力かなんか知らないけどさ、効能あるから売れるんでしょ。売ったらいいじゃん。だからはやく取りにこさせてよ。え？　新宿だっていってるじゃん。マジくそ重くて背骨折れそうだわ。無理。無理。これ捨てていっていい？　全部。あ？　なんでオレが弁償するんだよ。フザけるなよ。ああ、もうだるいわ。オレこれ背負ってもういっかい電車乗るのだけはマジ無理。いや知ら……いや知ら……いや知らねーけどさ、その話もホントなの？　事故とか病気とかの前に、オレの背骨が折れるわ。だからさ、申し訳ないと思ってんならよ、はやくこさせろって、テメー。だから！　新宿だっつーの、何回いわせんだよ！」

露骨に怒鳴っていく男に、周囲のひとたちも視線を向けはじめた。
だが、男は電話に夢中でそんなことに気づいていない様子だ。

「いや……あ？　おう……おう。別にそんなこといってないけど……おう。お前マジふざけんなよ！　じゃあどうするんだよ！　だから関係ないっつーの！　固定給とかないわ、いまさらマジで！　朝、何時起きなの？　おう、ああ、そりゃ確かにはやいと思うけどさ。でも別に、いまからならこれるだろ！　あのひとさ、ホント勘弁してほしいわ。先月の……違うわ、先々月の事故物件、隠して住まわせて自殺って鬼かよ！　相手は財産投げうって土地買ってさ、人骨とかそりゃ怒るよ！」

耳を傾けていたまわりのひとたちは、眉間にシワをよせた。

「しかもホントは知ってたんだから。もともと無理だよ、あんな山奥で。こんな石なんか絶対、効かねーって。効かねーって。効かねーって！　だって、これただの石だもん！　重いし！　こんなんでオバケいなくなったら、坊さんいらないって！　だろ？」

Sさんは（このひとはなにを話してるんだ？）と可笑しくなってきた。

「返事きた？　おう、おう……いつよ？　何時？　だから何時よ。それ、もうすぎてるじゃん。どこにもいな……いた。きたわ。切るわ、切るわ、あとでかける」

男は電話を切ると早足で歩きだした。数メートル先に向かって手を振り「どうも、どうも！」と声をだした。声をかけたのは、まわりをキョロキョロ見ていた小太りの男性だ。

男は彼に深々とお辞儀をして、満面の笑みを浮かべる。

「今日はありがとうございます……いえ、とんでもないですよ！　とりあえず、そこに喫茶店あるんで、入って話しましょう。いえ、こちらこそです、ありがとうございます。あ、もちろん持ってきてます。石の効能、すごいですよ。いきましょう」

去っていく彼らを見ながら、Ｓさんも含めその場にいた全員が思った。

（いったい、なんの仕事なんだろう……）

だが、もし会話がすべて本当だとすると、それはそれで恐ろしい。

応報

もうずいぶん前の話である。

体験者の通っていた中学校ではいじめがあった。

「酷いもんでした。何人か止めようとした奴もいましたけど……無理ですよ」

いじめていたのはT哉くんという不良だった。

親がヤクザで、彼自身も暴走族の先輩と関係がある危ない子だった。

「お前ら！　今日から社長と話した奴は死刑なッ」

休み時間にT哉くんがクラスメイトたちに叫んだ。

社長というのは、いじめられっ子のY男くんのことだ。

M元くんとC戸くんという男子二名が、T哉くんと特に仲が良かった。

三人が同じクラスになってY男くんへのいじめは過激になった。

以前はそんなT哉くんたちに逆らう者がいた。

直接注意したり先生に相談したり。その度にT哉くんはM元くんとC戸くんを使って「裏切り者」をつけまわして執拗《しつよう》に追い詰めていった。家までいって親を殴られた者もいた。

暴走族に拉致をさせて酷いことをされ写真を撮られた女子もいた。突然辞めてしまった教師もなにかされたとウワサだった。

彼らと同じクラスになったことを呪うしかないような状況だった。

週刊誌のギャグ漫画などで暴力的で面白い場面があったりすると、Y男くんがすべて体現させられる。毎日格闘技の技をかけられ、躰はいつもアザだらけだった。


あるとき、体験者はトイレで鼻血を洗い流して泣いているY男くんを見つけた。

とても放っておけず、どうしてそんな思いまでして学校にくるのか尋ねた。

「無理してきても厭な思いをするだけだ。逃げるのも手段だよって。そしたら」

自分は高校にいかないから学校はこれで最後になる。

あと半年だけ我慢しようと決めたのだと、Y男くんはいっていた。

その二週間後、校舎四階の窓から彼は飛びおりた。

頭を強く打ちつけ、即死の状態だったという。

窓のそばには靴が並べられていたが遺書はなかった。様子がおかしかったことから受験ノイローゼによるものと学校側は体育館で全校生徒に告げた。

体験者をはじめ他の同級生たちは信じなかった。

飛びおりた教室はT哉くんたちがY男くんをよく呼びだしていた教室だった。

おのずと自殺以外の想像もしていた。

Y男くんは彼らに殺されたのかもしれない、と。


同級生たちはみんな葬儀に参加することになった。

T哉くんたち三人組だけはきていなかった。

遺影を持った父親と母親の横に、弟と思われるちいさな男の子が立っている。母親は始終声をあげて泣いていたが、父親は無表情で同級生たちを睨《にら》みつけていた。

みんなその目が怖くて父親のほうを見ることができずにいた。

父親はいじめのことを知っているのかもしれないと、体験者は思った。

翌日以降、教室のY男くんの席にはちいさな花瓶がおかれた。

ドラマでしか見たことのない光景にみんな言葉がなかった。同級生たちはT哉くんたちが次の標的を探すのではとビクビクしていたが彼らは静かだった。

休み時間は三人で集まり小声でしゃべって、放課後になると黙って帰っていく。

あきらかに動揺しているようだった。

そのことから、Y男くんはやっぱり自殺なのだろうと、だれもが思った。

Y男くんの四十九日が過ぎたころ、それははじまった。

M元くんが交通事故で亡くなったのだ。

先生が朝礼でそれを告げたとき、教室のみんなはどよめいた。

T哉くんもC戸くんもその日、学校を休んでいたからだ。クラスメイトたちは、仲間割れだ、Y男くんのことと関係あるんだ、などと口々にいっていた。Y男くんの復讐がはじまったといいだす者もいた。

話によると、M元くんは原付バイクで走っている最中に自らトラックに突っ込んでいったらしい。トラックのしたに巻きこまれ、引きずられた遺体はかなり酷い状態だったという。


翌日、T哉くんもC戸くんも学校にきていた。

しかし、休み時間になってもC戸くんはT哉くんのところにいかなかった。ずっと机の上を見つめ、なにかブツブツつぶやいているようだった。T哉くんも席に座ったまま、頭を抱え込むような体勢で動かない。その状態が何日も続いた。

他の同級生たちにも、なにかが起きる予感があった。

みんなある意味、彼らのことをもう諦めていた。

なかには（はやくコイツらに、なにか起こって欲しい）という怖い期待を持っている者もいた。その目は残酷なものを見たがっているようにも思えた。

そして、ある授業中にそれは起こった。

顔を真っ赤にしたC戸くんが唸り声をあげて立ちあがった。

「もうやめてくれッ！」

そう叫んで鉛筆を自分の左手にグサグサ突き刺した。

まわりの席の生徒は驚いて「逃げろ、逃げろ」とC戸くんから離れていく。

彼は何度も何度も鉛筆を左手に刺し続けた。

その度に、ぐちゃッぐちゃッと音が鳴り、飛び散る血で彼の顔が染まっていく。

鉛筆は手の甲の骨のあいだに引っかかり、ばきッと音を立て折れた。

だが、すぐに新しい鉛筆をとりだして再び刺し続けた。

「謝っただろッ！　オレが悪いのかよ！　T哉のせいだろッ」

みんな悲鳴をあげながら、名前をだされたT哉くんを見た。

彼はただガタガタ震えていた。

「やめなさいッ！」

教師がやっと反応してC戸くんを押さえつけて、教室の外に引きずっていった。

「があぁッ！　おれのせいじゃねえよッ」

遠ざかっていくC戸くんの声を聞きながら、だれも動くことができなかった。

机の黒い血だまりは一本の筋をつくり床に落ちる道となった。

その方向にはT哉くんが座っている。

彼は泣きながら瞬きもせずに、ずっと震え続けていた。

翌日からふたりとも学校にこなくなった。


「それから卒業までふたりが学校にくることはなかったですね」

ウワサによると、あれからC戸くんは怪我が原因で敗血症になったそうだ。そして手を切断したあげく、入院した病院で自殺したらしい。真偽は確かではないが。

「なんとなく納得のいく最後だと思えたんですが……どうでしょう」

ぼくはT哉くんのことが気になり、どうなったか体験者に尋ねた。

「そうなんですよ……T哉くんのことはだれも知らなくて。どうなったのかさっぱりわからなかったんです。だれも話題にもしなかったし」

いじめの主犯である彼のことがわからないのは、残酷な話にそぐわないように思えた。

だが実際にウワサのひとつも聞くことはなかったのだという。

「ただ、実は私、変なものを見たんですよ、もしかしたら、それがヒントになるかもしれません。確かあれは、中学を卒業して十五年くらい経ったころでした」

件の出来事があった中学校の近くでのことだった。
体験者は（懐かしいな）と思いながら風景を眺めつつ、ゆっくり歩いていた。
夕陽に包まれた通学路はあのころのままだった。
（良いこともあれば、悪いこともあったな――そういえば）
ふと事件のことを思いだし、厭な気持ちになった。
すると前方からネズミがちいさく鳴くような音が聞こえてきた。
それは車輪がゆっくり、またゆっくりとまわる音だった。
車椅子に座る老人と、それを押すひとが坂の向こうからやってくる。
妙な感覚があったので、体験者はすれ違いざまに、そのふたりをよく見た。
（……まさか！）
車椅子にのっていたのは、老人ではなくT哉くんだった。
彼はもう亡くなっているのだと、体験者は勝手に思い込んでいた。
この十五年のあいだになにがあったのか、傷だらけの顔で真っ白な髪だ。

白濁した目はなにも見えていない様子だった。
車椅子を押している若い男に目を向け体験者は息を呑んだ。
亡くなった彼にそっくりな顔は、葬儀のときの記憶をよみがえらせた。
遺影を持った父親と母親のあいだにいた男の子――。
(どうして、このひとがT哉くんと一緒にいるんだ)
若い男は体験者と目があうと、軽く会釈《えしゃく》をして去っていった。

末路

主婦のGさんに取材させてもらった話である。

彼女の息子が幼稚園に通いだした時期、そのおんなに出逢った。

「はじめまして。いつもウチの子が遊んでもらっているみたいで」

最初の印象は愛想のよい母親で、名前をS紀さんといった。

幼稚園の送り迎えにいくたびにGさんはS紀さんと話すようになり、そのうち連絡先を交換して、お茶に誘われることが多くなっていった。

彼女の住んでいるマンションはGさんの家から近くて、なにか話したいことがあれば、すぐに逢うようなつきあいになった。


出逢って三ヵ月が過ぎたころ、喫茶店でS紀さんとお茶を飲んでいた。

「……とかいうのよ。立場をわきまえて、稼いできてからいえばいいのにねえ」

彼女はいつものように自分の夫の愚痴《ぐち》を話して、Gさんは聞き手側になっていた。

「そっちはどうなの？　旦那とうまくいってる？」

「わたし？　わたしたちは仲いいよ。ケンカとかないし」

S紀さんはいたずらっ子のような表情で「夜のほうも仲良し？」と訊いてきた。

「う、うん。けっこう多いほうかも」

「へえ、よく我慢してるわねえ」

カップに口をつけながら感嘆の声をあげた。

「ウチなんかもう何年もないわよ。向こうの裸なんか気持ち悪くて見たくないし」

お金だけくれたらいいのに、とS紀さんはケタケタ笑った。


S紀さんは逢うたびに夫や子ども、まわりのひとの愚痴をいっていた。

「旦那は玩具《おもちゃ》のような物ばかり集めていて、頭が悪いとしか思えない」

「子どもは旦那に似て言葉使いが悪く、友だちがすくない」

「姑は考えが古くさくて、いろいろ口出ししてくるババア」

「幼稚園の保育士は若いから礼儀がなってない」

「あの母親はウチより貧乏だから、子どもは汚い服を着ている」

確かに溜めこむより吐きだして、息抜きをすることも大事である。

だが、彼女はあきらかに度を越したことも口にしていた。あまりにも不平不満ばかりだと、ただの悪口になってしまう。過ぎた発言に疲れたGさんは彼女が愚痴りはじめると話題を変えようとしたが、それはいつも無駄に終わった。


ある日、近所の友人が家にきた。

「アンタ、あのS紀ってひと、つきあいやめたほうがいいよ」

「ああ。あのひと、すぐ愚痴をいうものね」

案の定、S紀さんはまわりから評判が悪かった。

しかし、友人は「そういう意味じゃないの」と続けた。

「いいにくいんだけど、アンタの悪口みたいなこともいってたよ」

「え？　なんていってたの？」

毎晩旦那とヤってるって本人がいってたとか、スキモノみたいなこと――。

Gさんはめまいを覚えた。

当然といえば当然である。自分の夫の悪口を自慢げにいうようなおんなだ。

Gさんのことを悪くいわないはずがない。

しかも、その悪口は以前に彼女のほうから訊いてきたことだ。

「なんでも悪口の材料にするんだから。こんなこといいたくないけど」

あのおんなはクズよ、と友人は珍しく憤慨していた。

Gさんがショックだったのは、自分の発言を悪口に利用されたことだった。


喫茶店で待ちあわせをして、Gさんは悪口のことを詰めよった。

「そ、そんなこといってないわよ。だれがいっていたの？」

「だれがとか関係ないでしょう。もうわかってるんだから、謝りなさいよ」

いつになく強気な態度にS紀さんは怯《ひる》んでいた。

しかし、そのうち開き直った表情になった。

「なんなの？　別にいいじゃない。本当のことなんだから」

「いつもいつも悪口ばかりいって恥ずかしくないの？　自分の旦那のこととか」

S紀さんはカップをトレイに勢いよく置いた。

「まわりの人間も旦那もバカなのは本当でしょ！　バカはバカなりにちゃんと働くべきなの！　それが夫としての当然の仕事！　家族に尽くすのが男でしょう！」

このひとは――あたりまえだと思っている。

夫が自分のために働いてあたりまえ。まわりの人間が自分に気を使ってあたりまえ。きっと自分がまわりに助けられて生きてきたことも、いま生きていることすらもあたりまえの権利なのだろう。

そう思うとS紀さんが恐ろしい存在に思えてきた。

「そうでしょう！　私、間違ってる？　ないよね！」

（こんなひとを近くにおいてはならない、もうかかわりあうのは――）

そう思ったとき、S紀さんの顔が、ずッと歪《ゆが》んだ。

（え？）

厚く塗られた化粧がずれた、という表現が正しいのかもしれない。

顔がふたつにわかれて動きだした。二重になった顔のひとつは半透明で、ゆっくりと垂れさがりはじめる。その変化に気づかず、S紀さんは文句をいい続けていた。

（うそ！）

上の顔は怒りの表情で罵詈《ばり》雑言《ぞうごん》を浴びせてくる。

ずれた顔は唇の端にぶらさがりながら、こちらを見てニタリと笑った。

吐き気を催したGさんは、席を立つと店から逃げだした。

それ以来、S紀さんとふたりで逢うことはなくなった。

幼稚園で見かけることはあったが、目もあわさず通りすぎていくだけだった。

ときおりGさんの悪口をいっているという話を聞いたが、もう気にしなかった。

それから何年か経って――。

Gさんは別の主婦と仲良くなっていた。

その主婦もS紀さんと面識があるひとだったが、彼女の話はしないらしい。

というのも、Gさんはあの出来事を主婦に打ち明けようとしたことがあった。

話している途中「もしかして、あのひとの顔……見ました？」と訊かれた。

Gさんがうなずくと主婦は手を前にだして、Gさんを制した。

「止めましょう。きっと私たちも簡単に顔が割れますよ。大切にしましょう」

主婦の発言は意味がわからないものだったが、背筋は寒くなったという。

その後、また別のひとから、S紀さんが難病で入院したと聞いた。

声もだせない状態らしいが、詳しいことはわからないそうだ。

変わってない

仕事で海外にいたK代さんが、久しぶりに帰ってきた日のことである。
懐かしい我が家はだれもいなかった。
（そういえば……今日帰るっていったけど何時とかいうのは忘れてたな）
台所でそんなこと思っていると、窓から近所の男の子が見えた。
あの子は確かM男くんだ。
K代さんは窓を開けて彼に声をかけた。
「久しぶりだねー。元気ー？」
M男くんは手を振って踊るような動きをして、ちゃらけている。
（変わってないなあ）
夕飯のときには家族みんなが集まった。
海外でのことや日本のこと、色々な話で盛りあがった。
「そういえば帰ってきてからM男くんもみたよ。相変わらず愛想がいいね」

K代さんがそういうと全員の箸《はし》が止まった。

「どうしたの」

「M男くんね……事故で亡くなっちゃったのよ」

そんなはずはない、確かにあれは彼だったとK代さんはいいはった。

「あなたが家をでて、すぐに事故があったから、もう五年以上前よ」

母親は暗い表情でいった。

事故のせいで一家は離散してしまい、あの家も空家になっているはずだという。

思えば――M男くんは成長しておらず、なにも変わっていなかった。

ため息

前の話のK代さんが、友人のS子さんに自分の体験を語った。

S子さんは「わたしも一度、そういうのある」と次のような話をしてくれた。


一時期、S子さんは従妹《いとこ》の部屋で一緒に暮らしていた。

S子さんと従妹は生活のリズムが似ていた。同じような時間に起きて一緒に家をでる。同じような時間に帰ってきて一緒に食事をとる。違うのは、S子さんは眠る時間がすこし遅かったことだ。従妹は零時を過ぎたころには眠っていたが、S子さんは二時すぎまで起きていた。

従妹と暮らしはじめたころ、何日かすると不思議なことに気づいた。

午前一時ごろになると、どこからともなく、ため息が聞こえてくる。

最初は隣の住人のもので、マンションの壁が薄いせいだと考えていた。

ところが、それがどうも違うのでないかと思えてきた。

他の物音はまったく聞こえないが、ため息だけはハッキリと聞こえてくる。

まるでこの部屋に、従妹と自分以外の、もうひとりがいるようにさえ思えた。

ある夜、従妹が眠っている横で、本を読んでいたS子さんがトイレにいこうと立ちあがる最中「ふう……」とため息が聞こえた。

それは顔のすぐ真横からで、息の風まで感じ、髪がなびいた。

反射的に顔を向けた。チェストの上に写真立てがいくつも置かれている。そのひとつ、従妹と友人らしき女性がアップで写っている写真があった。

その女性の目がパチリと瞬きをしていた。

「きゃッ！」

すぐに従妹が目を覚まし「どうしたの？」と聞いてきた。

混乱したS子さんはうまく説明ができない。

「こ、このひと、な、亡くなったんじゃないの？」

S子さんがそういうと、従妹は驚いた顔をした。

「勝手に殺しちゃだめよ。生きてるよ……もう寝なさいよ」

そういうと再び眠りについた。

S子さんは怖くなり、トイレにいったあと、布団を頭からかぶって眠った。

そのあいだも、三回ほどため息は聞こえてきた。

翌日になって、S子さんは従妹にもう一度尋ねた。

詳しく説明すると従妹は「……退屈なのかな？」とつぶやいた。

「どういうこと？」

「その子、死んではないけど、もう何ヵ月も入院しているの。夜になると面会にくるひともいないから、きっと退屈していると思うわ」


後日、従妹と一緒に、写真の友人Aさんがいる病院に見舞いにいった。

初対面だったが愛想のいいかたで話しやすい女性だった。

交通事故で足を複雑骨折したらしく、もう何ヵ月も入院しているそうだ。

ため息のことを話すと笑っていた。確かに午前二時あたりの時間は眠りにつくこともできず、退屈だがなにもできないので、布団のなかで起きているらしい。

「ふふ。なんかゴメンね。なるべくため息つかないようにするから」

そういうと三人で笑ったという。

通話

さらに話を綴ることができる。その入院しているAさんの話だ。

彼女は車にはねられてしまい重傷を負った。原因は相手の信号無視だ。

そのせいで何ヵ月も病院生活を強いられることになったのだが――。


何度か手術をして、ようやく松葉杖で歩けるようにもなった。彼女は喫煙者だったので（やっと煙草が吸える）と一階の喫煙所までよく移動するようになった。

ある日、喫煙所に向かう最中に携帯が鳴った。

廊下の隅にリハビリ用の手すり、平行棒が設置されているスペースがあったので、そこまで移動して携帯にでた。最初は普通にしゃべっていたが、そのうちにノイズが走りはじめた。

相手の声が途切れ途切れになり、ついには通話が切れてしまった。

（とりあえず喫煙所までいって、かけなおそう）

移動を始めたとき、ひとりの老人がAさんを見つめているのに気がついた。

老人の横を通り過ぎようとすると話しかけてきた。

携帯を使用していたことを咎《とが》められると思ったが違った。

「あそこで電話すると、おかしくない？」

「はい？」

意味がわからず聞きかえした。

「あの場所。電話してたら、おかしくない？　変な感じとか。気持ち悪いとか」

指さす場所、Aさんがさっきまでいたところに目をやった。確かに薄暗くて気持ちが悪く、あまりいい印象はないが。いわれるまで特になにも思わなかった。

「いえ。でも電波は悪かったですよ」

そのとき、先ほどかかってきた友人から再び着信があった。

反射的にでてしまったAさんは「もしもし」とさっきの場所にもどった。

しばらくしてまたノイズが走りだす。

「ごめん、電波悪いから、かけな……」

ぷッとちいさな音が鳴ると、電話の向こうの空気が変わったのがわかった。

「あれ？　聞こえる？　もしもし？」

友人の答えはなかったが、長い唸り声が電話から聞こえてきた。

言葉ではないが苦しさを訴えている声だということはわかった。
ぞッとしたAさんは慌てて電話を切る。振りかえると老人と目があった。
その目が（ほらな）といっていた。

不明

K代さんが体験した「変わってない」は亡くなったM男くんを見た話。
彼女の友人S子さんの「ため息」は入院患者の写真がため息をする話。
その入院患者のAさんの「通話」は携帯で妙な声を聞いたという話。
聞いた順番通りに記したが、この三人にぼくが出逢ったのはまったくの偶然である。
最後のAさんと最初のK代さんはお互い面識はなく、直接的なつながりもない。
ところが、ひとつ気になることがあった。

Aさんは車にはねられて入院していた。
車の運転手はこの話を聞いた当時、交通刑務所で刑に服していた。
聞いた情報通りなら現在もまだ出所していないだろう。
確かにAさんの怪我は重傷だった。
いまはすっかり元気になっているが、酷い傷は残ってしまった。
事故は向こうの信号無視が原因だったそうだが、過失でそこまで何年も刑を受けるものだろうかと、ぼくは疑問に思った。

そのことをAさんに聞くと、彼女はこんなことをいっていた。

「運転していたひと、前にも事故を起こしたことがあったみたいです。聞いた話によると……確か何年か前に、子どもを轢いて死なせてしまったとか」

Aさんは警察がぼそりと漏《も》らした、以前の事故の場所を覚えていた。

それはK代さんの家の住所、すぐ近くなのだ。


K代さんが目撃した「車に轢かれて亡くなったM男くん」。

その車を運転していたのは――Aさんをはねた同じ運転手ではないのだろうか。

どす黒いものを感じてしまい、ぼくはこれ以上の詮索をやめることにした。


この話が載った本が出版されたあと、ぼくはK代さんに電話をして次のようにいわれた。

「細かいことがわかりました。近所のひとで逮捕された運転手の記事を持っているひとがいました。その運転手、M男くんのあとに、もうひとり轢いてます。そのあとで病院の話のAさんを轢いています。運転手、逮捕されたときの映像もでてきました。手錠されてるのにニヤニヤしてました。どうして怪談の取材を受けただけでこんなところまで話が拡がって、関係ない話がつながっていくんですか?　私、すごく気持ち悪いです。もう連絡してこないでください」

どこかな

怪談マニアも困ったもので、ホテルに入ると御札《おふだ》を探す。
額裏の壁から、テレビ台の後ろ、ベッドの下まで、目につくところは全部探す。
なにもなきゃガッカリ、なにかあれば写真を撮って大喜びする。
どこ、どこ、どこかな？
見つからず、ため息を吐くと電話が鳴った。
だれかわからないその相手はノイズまじりで「冷蔵庫の裏」と教えてくれた。
あった、あった、写真を撮っておこう！
まるで、もう最初から憑かれているような行為にまつわる体験談は意外と多い。

換気扇の声

ある冬場に起こった出来事である。

休日の昼間、居間にいたF川さんに息子がこんなことをいった。

「最近さ、洗面所にいるとさ、なんか変な声聞こえてキモいんだけど」

「お前、ここのところ鏡ばっかり見てるもんなあ。すっかり色気づいちゃって」

彼が入学した高校の校則はゆるく、最近は髪のセットに興味を持っていた。

そのせいで自然に、洗面台の鏡に向かっている時間が増えていたのだ。

「そんなの関係ねえよ。声だよ、声。なんか換気扇から声が聞こえるんだけど」

洗面台は風呂場の横なので、洗面台の上には換気扇がある。

「声じゃなくて音の間違いだろ。あれだ、あれ。モーターの音だよ」

F川さんがいうと、息子は「声っぽいんだけどな」と自室にもどっていった。

週明けの夕方、大学生の娘がF川さんに息子と同じことをいってきた。

「お前もか。古いマンションだからなあ。家主にいって修理してもらわなきゃ」

「気持ち悪いからはやめにして。おっさんの変な声みたいに聞こえるんだから」

「おっさん……?」

モーター音とおっさんの声というのが結びつかない。

気になったF川さんは娘と一緒に、洗面所にいって換気扇をつけた。

ファンが回る音以外にかりかりという変な音がする。どう聞いても音だった。

「モーターだよ。なにか引っかかってるのか？　でも全然声には聞こえない」

「これじゃない。夜になると別の音がするの。もしかして湯気のせいかな」

確かに夜、風呂に入ったあとは湯気が風呂場から流れてくる。

「湯気で音が変わるなんてあるのかな?」

不思議に思いながら、そのときも話はそれで終わった。


また週末の夜になり、F川さんは居間でビールを呑んでいた。

風呂上がりの奥さんがきて「ちょっと」と洗面所に彼を連れていった。

換気扇を指さすので「ああ、知ってるよ」とF川さんは先に答えた。

「なんか変な音がするんだろ？　子どもたちから苦情を頂いております」

「これ、本当に音かな。聞いてみてよ」

またか、とF川さんは片耳を換気扇のほうに向けた。かりかりという音は前回に比べて大きくなっているように思えたが、それだけではなかった。苦しそうな男性の、息がまじった声が確かに聞きとれた。

「ホントだ……声みたいだ。なんだろう？　どうして夜だけ？」

「気持ち悪いでしょ。これね、明るいときは聞こえにくいのよ」

奥さんはなぜか小声になっていた。

「聞こえにくいってことは、実は昼間も聞こえているってことか？」

「ほら。換気扇ってベランダのほうに空気、流してるでしょ」

「ああ、そうだな。このマンションの部屋はみんなそうだ。それが？」

「ベランダ側にある道路よ。そこ通る車の音で聞こえにくいの」

奥さんのいう通り、その道路は朝から夕方まで通行量が多い。

長いあいだ住んでいるため、日常になってしまいF川さんは気がつかなかった。

車の走行音は換気扇からも聞こえていたはずだ。

「でも、子どもたちは昼間も聞こえていたっぽいぞ」

「あの子たちは私たちと違って、まだ若いから耳がいいんじゃないの？」

「……なるほど」

Ｆ川さんは換気扇に再び耳を向けた。

一度声だと意識すると、もうハッキリと聞きとることができた。

「うぐッ、ふッ、ふッ、うぐッ、って感じで聞こえるな」

確かにみんながいう通り、気持ち悪い。

Ｆ川さんは換気扇を調べようと、踏み台を持ってきて懐中電灯で覗いた。異常がないというより特になにも見えない。仕方がないのでベランダにでて、排気口をチェックすることにした。

「寒っ。今夜は特に冷えるな」

排気口は隣のベランダの仕切り板の真横で、身長よりもはるかに高さがある。

踏み台を持ってきて乗ろうとするＦ川さんを、奥さんが「待って」と止めた。

「あなた、ビール呑んでるから危ない。私が見るわ」

「……そうだな。気をつけろよ」

奥さんは懐中電灯を片手に、ゆっくりと踏み台に乗ろう——として動きを止めた。

「これって、なにかしら？」

奥さんが懐中電灯で照らしているのは排気口だった。

壁から突出したわずかな筒状の部分に、なにかが巻かれている。

「ロープじゃないのか？　こんなの、いつからあるんだ？」

「いままで全然、気づかなかった」

毎日洗濯物を干していても、排気口など目がいくはずない。

ロープは仕切り板の向こう、隣のベランダに伸びているようだった。

「……なにがあるんだ？」

奇妙に思ったF川さんは、外側から頭を入れて仕切り板の向こうを覗いた。

しっかりと張られたロープを目で追っていく。排気口から仕切り板を越えて、そのまま下に伸びて、座り込むように亡くなっている隣人の首につながっていた。


警察によると、隣人は精神的な病を患《わずら》っていたらしい。

亡くなって二週間ほど経っていた。

冬の寒い時期だったので、遺体はそこまで腐敗していなかった。

なぜ、わざわざF川さんの部屋の排気口にロープを巻いていたのかは謎だった。

「こころを病んで自殺した。自分の部屋ではなく、ベランダ——それもウチの排気口にロープを結んだのも、なにか本人なりの理由があったかもしれませんね」

それ以来、換気扇から妙な声が聞こえることはなくなった。

隣人が自分の遺体を見つけて欲しかったのだ——息子と娘はそういった。

いや、死んだ無念をだれかに伝えたかったのだ——奥さんはそう解釈した。

どちらかはわからないが、Ｆ川さんにはもっと不思議に感じていることがあった。

「音なんです。かりかりっていう音。遺体が発見されて、あれも聞こえなくなったんです。なにかが引っかかっている音だと思ってたんですが、見当がつかなくて。引っ掻《か》くような、こちらに近づいてくるような——あれはなんだったんでしょうね」

刀と占いの話

看護師のM保さんが自宅近くの病院で勤めだしたときの話である。

大きな病院だったこともあり救急で運ばれてくる患者も多く、昼夜を問わずに忙しい職場だった。当初は覚えることが山ほどあって大変だったが、負けん気の強いM保さんは足手まといにならぬよう必死で頑張った。

驚いたのは交通事故で運ばれてくるひとたちの多さだった。事故による怪我を負った患者は病気とは違って、すぐに施術を必要とするひとが多数を占めている。

激しく流血しているひとや声をあげてもがき苦しむひともたくさんいたが、やはり本当に危険な状態のひとは意識がないらしい。

「やっぱり人間も動物、生き物なんですね。命にかかわるような状態になるとこれ以上苦しまないようにと、意識がシャットダウンされるみたいに感じました」

慌ただしい職場で気がつけば半年ほど経過したころ。

ある夜、深夜をとうに過ぎた時間に大きな懐中電灯を持ってM保さんは見回りをはじめた。大部屋をひとつひとつ覗いていく。

ほとんどのひとが眠っているので声はかけない。

ベッドから落ちていたりなど、異常がないかどうかチェックしていく。

その夜は別段、変わったこともなく静かで鼾《いびき》や咳が聞こえるくらいだった。

ふと目をやると、廊下の先で人影が横切った。

だれかが部屋から飛びだしたような素早い動きだった。

驚いて懐中電灯を照らすが、だれもおらず、どのドアも閉まったままである。

人影を確認したあたりまでいくと、個室の前だった。

その個室の患者は交通事故で、その日の昼間に運ばれてきた中年男性だった。部屋の扉を開けてなかを覗く。医療器具に囲まれて、ひとり眠っているだけで他にはだれもいない。

異常なしと判断し、扉を閉めようとして、ある物に気がついた。

眠っている患者の掛け布団の上になにかがある。

もう一度確認すると光が反射したので、金属のような物だとわかった。

躰につながれた医療器具のひとつだろうと思って扉を閉めた。

翌日の朝になって、その患者は亡くなった。

先輩と遺体を運ぶ準備をしていると、布団を見て昨夜のことを思いだした。

「どうしたの？」

「昨日、ここになにか器具がありませんでしたか？」

M保さんが先輩に尋ねた。

「なにかあった？　なかったと思うけど」

「これくらいの光るものがあったと思うんですけど」

六十センチほどの間隔に手を広げてみせた。

「ほそい金属みたいな」

すると先輩は眉をあげてうなずいた。

「ああ。夜の見回りのとき、視《み》たのね」

すこし声をさげて続ける。

「器具じゃなくて――あれは刀よ」

「かたな？　かたなって、あのサムライとかの刀ですか？」

「はじめて視たのね。もう知ってるかと思った」

先輩がいうには深夜に見回りをしていると、寝ている患者の胸元に刀が置かれていることがあるらしい。

刀が置かれた患者は、なぜか必ず亡くなってしまうというのだ。

だれの仕業かわからないが、刀はたいてい夜のあいだに目撃されて、次の朝には消えている。

「間近で視たことがあるけど、さやがなくて短くて、古くさい木の柄だったよ」

刀とは思えないが、むかしからなぜか刀と呼ばれているという。

人影のことを伝えると「それが刀を置いているひとかもね」といった。

M保さんはそれからも何度か刀を目撃したという。

・・・・・・・・・・・・・・・・・・・・・・・・・

主婦のI美さんにはYちゃんという五歳の娘がいる。

ある日、インターネットをしているとYちゃんが横にきた。

「ママ、なにしてるの？」

「ふふ。パソコンの占いで運がいいか悪いか調べてるの」

Yもやる、とねだるのでやり方を教えてあげた。占いはパソコン画面上にでたタロットカードをマウスでかきまわし、選んだカードが全体運にあたるものだった。

必死に何度もマウスをまわす姿が可愛い。

「これにする！」

Yちゃんが選んだカードの結果をI美さんは読んであげた。

「思ったことに正直に、だって。いい子にしてればラッキーってことよ」

Yちゃんはラッキーという言葉に反応して「やった！」と喜んでいた。

それから毎日のように占いをするのがYちゃんの日課になった。

自分でパソコンに向かい、マウスを動かして占いのサイトにいく。

そしてタロットカードを選んで、結果がでたら母親を呼び、読んでもらう。

基本的に悪い結果がでるサイトではなかったので、I美さんも安心していた。

ところがある日のこと。

いつものようにYちゃんは「ママ、今日も占いしてくる」とパソコンがある部屋に向かう。呼ばれるのを待っていたI美さんのところに彼女がもどってきた。なぜか泣きそうな顔をしているので「あら、どうしたの？　動かなかったの？」と訊く。

「……怖いよう、死ぬっていわれた」

「え？　だれにそんなこといわれたの？」

「占いにいわれたの、怖い」

タロットカードをかきまわしてカードを選ぶとパソコンの画面から、

「お前は死ぬ」

そんな声が聞こえたらしい。

「占いはしゃべったことないでしょ。大丈夫よ。死なないわよ」

I美さんは想像でしゃべっているか、なにかを聞き違えたのだと思った。

その日の昼間、I美さんとYちゃんは近所の公園にいくことにした。

公園が目前のとき、友だちを見つけたのか、急にYちゃんが走りだした。

「Yちゃんッ！」

慌てて追いかけたが、間にあわずYちゃんは車にはねられた。

呼ばれた救急車にI美さんも乗りこみ搬送される。外見に大きな外傷はないが、Yちゃんは人形のように脱力して、まったく動かなかった。無線で連絡をとった救急隊員が「お母さん、いまから○○病院に向かいますから」と教えてくれた。

病院の名前を聞いたI美さんは、すぐに友人が働いていることを思いだした。

友人とは看護師のM保さんである。

・・・・・・・・・・・・・・・・・・・・・・・・・・・・

泣きわめく母親を見ると、知っている顔だったのでM保さんは驚いた。

「I美！」

I美さんは混乱していたのか、医師ではなくM保さんにすがりついた。

「お願いッ、Yちゃんを助けてッ」

M保さんがYちゃんを見ると、耳からひと筋の血が流れはじめていた。

「しっかりして！　すぐに手術だから！」

押さえつけ椅子に座らせ、M保さんは他の看護師と走り、準備を急いだ。

手術室に入る前に振りかえると、I美さんが両手を握りしめて祈っていた。

見た目とは裏腹に、Yちゃんは強い全身打撲で臓器のあちこちに血の塊ができていて酷い状態だった。レントゲンをとるため、何度か手術室を出入りしたが、その度にI美さんがYちゃんに声をかける。それを見るたび、M保さん自身、泣き崩れてしまいたい衝動にかられた。

手術は長時間に及び、あとは状態をみるしかないということになった。

I美さんのもとにいくと、医師から説明を受けているところだった。

医師が離れるとすぐにまた両手をあわせて祈りはじめた。

M保さんが話しかけると再び泣きはじめた。

「今夜持てば、助かるって……でも、それって今夜でもうダメかもしれないってことでしょう？　あの子が死んだら私、私、どうしたら、どうしたら……」

集中治療室が確認できる待合所で、I美さんは泣き続けている。彼女の夫は出張で県外にいて、連絡が遅くなったのも重なり、明日まで帰れないらしい。

M保さんの勤務時間は終わっていたが、このまま友人を放ってはおけない。

今夜持てば助かる——確かに不安な言葉である。

だがM保さんにはもうひとつ不安なことがあった。

刀である。ほとんどの刀は末期の個室か、この集中治療室で見ている。

M保さんは考えた。

あれを止める方法はないのか。

もしも、ひと晩中ずっと見張っていたら、刀を置かれることはないのだろうか。

見ているか、見ていないかで決まる——どうしてもそうは思えない。

そもそも亡くなる者の躰に、刀は置かれるものなのか。

それとも、刀が置かれてしまったから亡くなってしまうのか。

いや、そんなバカなことがあるハズがない。

あんな幻覚みたいなもので、命が左右されるなんてあっていいワケがない。

医師が手を尽くした以上、やれることは祈るくらいしかない。

M保さんはナースセンターに戻って考えた。

(でも、どうせ刀が置かれてしまうなら、もう、いっそのこと……)

給湯室にいくと、引きだしのなかにあったものをとりだし、待合室に向かった。

「I美……聞いて」

伏せていた顔をあげると同時に、M保さんはナイフをI美さんにつきつけた。


荷物を持ってI美さんが病院をでた。

その後ろには、夫と手をつないだYちゃんが歩いていた。

Yちゃんは、見送るM保さんに「また、遊ぼうね!」と元気に手を振った。

あれからひと月が過ぎていた。

あの夜——M保さんはナイフをYちゃんの胸元に置くと、I美さんにこういった。

「おまじないみたいなものだから、このままにしておいて」

そして眠らずに、ここの入り口を見張っていて欲しいと頼んだ。

ワラにもすがりたかったI美さんはM保さんのいう通りにした。ひと晩中、Yちゃんではなく、入り口を見つめ続けた。

深夜三時を過ぎたころ、I美さんの目の前が薄暗くなった。

疲れがピークに達したのだろうと目を擦ると、ひとの形をした影がゆらゆら揺れているのが見えた。影はしばらく入り口に立って、なかの様子をうかがうような動きをしたあと、ふッと消えた。

見張ったのが良かったのか、胸元に置いたのが良かったのか。

それはわからないが、Yちゃんは来年中学生になりますと、M保さんは笑った。

祖父の秘密

大学生だったWさんは、アパートでひとり暮らしをしていた。

ある日、電話で父親から頼みごとをされた。

「母さんとラブラブ旅行したい。いってるあいだ、じいちゃんの世話してくれよ」

実家にいる祖父は認知症だ。症状は話が噛み合わないくらいのもので、奇行に走るというようなことはない。毎日テレビを観ながら酒を呑んでいるだけだが、心配だから家には居て欲しいとのことだった。

面倒くさかったWさんは「バイトがあるから」と断った。父親はその反応を予想していたのだろう、そこそこの金額を提示してきた。その結果、Wさんは快く了承して、両親は喜んで旅行の計画を立てはじめた。


玄関でWさんが見送るなか「頼んだぞ」と両親は空港に向かった。

久しぶりの実家は退屈だった。

兄たちが残していった漫画がたくさんあったので、それで時間をつぶした。

夜になり空腹を感じたので、出前でもとろうかと祖父のところにいった。

「じいちゃーん。出前とるけど、なんか食べたいものある？」

祖父はテレビを観ながら日本酒を呑んでいた。

「スシ」

意外に贅沢な答えに笑ったが、食費は小遣いとは別にもらっている。

金額は気にせずに電話で宅配を注文した。寿司を食べるのは久しぶりだったので三人前も頼んでしまった。食べるものが決まると妙に腹が鳴った。

しばらくして出前が届いた。大きな容器にびっしりと詰まった寿司を、祖父のところに持っていく。皿にわけるのが面倒だったので、箸で突《つつ》きあおうと思った。

祖父は自分でリクエストしたのにもかかわらず、嬉しそうな表情をした。

「わあ。今日はスシかあ」

「自分で言うたがな。いっぱいあるで」

Wさんはお茶と醤油を入れる小皿をとりに台所へいった。

冷蔵庫を閉じたとき電話が鳴った。でてみると父親からだ。

「どないや？　大丈夫か」

「大丈夫やで。いま、じいちゃんとスシ食べるとこ」

「そうか。はよいかな、じいちゃんに全部食べられて、なくなってしまうで」

ははっと笑うと、Wさんは電話を切って祖父の部屋に戻った。祖父はグラスに注いだ酒を呑み、テレビを観ていた。テーブルの容器を見てWさんは動きを止めた。

「え……おじいちゃん……スシは？」

「ん。食べた」

三人前の寿司が入っていた容器が、空になっている。

台所にいって電話にでて、戻ってくるまで——ものの数分もかかっていない。はやすぎる。しかし、実際に寿司はひとかけらも残っていない。

添えられていたガリまでなくなっていた。

「一緒に……食べようと思ったのに……え？　マジ？」

「ごめん。食べた」

そういうと祖父はまた酒を呑みテレビに向かって、ふうっと息を吐いた。

信じられなかったが、なくなったものは仕方がない。

Wさんは家にあったインスタントラーメンを食べた。

翌日、夜更かしのせいで、Wさんが起きるともう昼前だった。

しばらく、ぼうっとしていたが（なにか食べもん作るか）と立ちあがった。

台所の食材をみて祖父の部屋にいくと、座っている場所も体勢も昨日と同じだった。Wさんは（このひと寝てるのかな）と思いながらも尋ねた。

「じいちゃん、カレー作るけど食べる？」

「カレーライス。大好き」

子どもか、と思いつつも「よっしゃ」と台所に向かった。

米を研いで炊飯器に入れるとスイッチをオンにした。米が炊けるまでのあいだ、ゆっくりと肉や玉ねぎ、じゃがいもを切って鍋のなかに入れていく。しばらくすると、いい感じに煮えてきたのでルーを溶かす。香ばしい香りが漂《ただよ》った。

昨日のことを思いかえして、ご飯は大盛りに、ルーはたっぷりとかけた。

祖父のところに持っていき「お待たせしましたあ」と皿をテーブルに置く。

「わあ、カレーやないか」

「言うたやん」

スプーンを忘れたので台所にとりにいき、戻ってくるとカレーがない。

「おうッ！　マジでッ？」

これにはWさんも寒気が走った。いくらなんでもはやすぎる。

「じいちゃん！　カレーライス！　カレーライス食べたんッ？」

「いや、謝らんでいいんやけど……ホンマに食べたん？」

「ごめん。食べた」

確かにカレーはなくなっていたが皿から湯気がでている。

いくらはやいとはいえど限度があるとWさんは思った。もしかしてどこかに捨てたのではと、ゴミ箱や目ぼしいところを探した。だが、やはりない。本当に食べたということになる。スプーンも使わずに食べたようだが、手は汚れていない。

（まるで手品だ。不思議すぎる）

そういえば昨日も箸を使っていなかった。

（寿司は手で食べてもおかしくはないけど……カレーやぞ……どうやって？）

すこし考えて、Wさんはこんなことを祖父に聞いた。

「じいちゃん、おかわりいる？　もう一杯カレー食べる？」

「うん。食べる」

Wさんは、あえてスプーンと皿を手に持ち、台所へ向かった。

カレーライスを皿に盛ると、わざとスプーンを持たずに祖父の部屋に戻った。

「あいよ！　お待たせしました！　ここ置いておくで！」

テーブルの上にカレーライスを置くと、部屋をでた——フリをして戸の影に隠れた。スプーンも使わずにどうやって食べるのかと、すこしドキドキしていた。

すると——祖父はまったく皿に手をつけようとしない。じッとカレーライスを見ているが、動こうとしない。Wさんは息を殺して戸から顔だけをだしていた。

(どうしたんや？　食べや)

すると、祖父はくるりと首をまわしてWさんのほうを向いた。

その目が吊りあがり、口は耳まで裂けて——醜《みにく》い大きなネズミのようだった。

凍りついたWさんに向かって、怨みがましい獣の唸り声をだした。

すぐに自分の部屋に駆け込んで震えた。


玄関で煙草を呑んでいると両親が乗ったタクシーが停まった。

結局あれから二日間、祖父に声をかけることができなかった。

テーブルに置いた食べたあとの皿と新しい食事をとりかえるだけの二日だった。

たくさんの荷物を持って、タクシーから降りてくる母親と父親。

Wさんに「ただいま」と声をかけて母親が家に入っていった。

「おう。ただいま。おかげで楽しかったわ。じいちゃん大丈夫やったか？」

聞かれてWさんは「メシのとき以外は」と答えた。

「そっか……じいちゃんはもともと四国のひとやからなあ」

そういうと父親は、あからさまな作り笑いをして家に入ったという。

犬神と関係がある話かどうかは不明である。

おとうと

ぼくの弟はまだ4才でちいさいです。

ある日、小学校から帰ると家にはだれもいませんでした。

いつもならお母さんとおとうとが家にいます。でもいませんでした。

ぼくは、おやつが食べたかったので冷ぞう庫を開けましたが、なにもありません。

しかたがなくテレビでアニメをみていると、こたつの上が汚れているのにやっと気づきました。

黒い、ネバネバとした、みずがあったのです。

これはなんだろうと思いました。

あとになって、それはおとうとの口からでた血だということがわかりました。

お母さんとおとうとはまだかえりませんでしたが、おばあちゃんが家にきました。

「お母さんは病院だから、まっていよう」とおばあちゃんはいいました。

病院からかえってきたとき、お母さんは泣いていました。

「どうしたの」とぼくが聞くと「Yくんがびょうきで入院することになったの」といっていました。入院とは病院でびょうきをなおすために、病院にいることです。そしておとうとは、おなかのびょうきになったかもしれないといいました。

ぼくは「あした、お見まいにいこう」といいました。

お母さんはなにもいいませんでしたが、お父さんはだまって、ぼくのあたまをなでてくれました。


お母さんは毎日、病院にいきました。

家にはおばあちゃんとお父さんしかいません。

ぼくも行きたかったけど家で、るすばんをしていました。

何日かしたら、おばあちゃんとお母さんが病院につれていってくれました。

Yくんは体にたくさんひもをつけていました。

目をすこしだけ開けて「おにいちゃん」といいました。

びっくりしてショックでした。

ちょっと前は元気だったのにとおもいました。

病院のイスにすわってまっているとお母さんがきて、また泣いていました。

Yくんのことで泣いているのだとおもったぼくは「だいじょうぶだよ。すぐ元気になるから」といいました。

ずっと夜ごはんはおばあちゃんがつくっていました。
お母さんと食べたかったので、まっていようといいました。
おばあちゃんが「お母さんはおそくなるから先に食べよう」といいました。
その日の図工でつくったはこをおばあちゃんにみせました。
おばあちゃんは「じょうずにできたね」といってほめてくれました。
ごはんを食べたあと、おふろに入るとお母さんが帰っていました。
Yくんはどうだったと聞くと「Yくんはがんばってる」といいました。
びょうきなのに、なにをがんばっているのかわかりませんでした。
ぼくは図工でつくった、はこをYくんにあげようとおもいました。

日よう日になったのでYくんのいる病院にいきました。
はなの中に長めのストローがふたつ入っていました。
目をつぶって、ねているところは死んでしまったようにもみえましたが、ねているだけでした。

かみの毛がぼさぼさになっていたので、なでていると目をあけました。「これ、つくったからあげる」というとYくんは、にっこりわらいました。


よるになってねていると、こえがしたので目をさましました。すぐよこにはYくんがいて、お父さんもいました。お父さんがYくんのすきな本をよんであげていました。ぼくが「病院は?」ときくとわらいました。元気になったとおもいましたが、ゆめでした。

もうなん日も病院にいっていないので、いきたいとおばあちゃんにいいました。「いまはちょっとまって、もうすこししたらいこう」といってました。

病院はとおくて、ばしょがわかりません。

もうすぐ小学校で水えいがはじまるので楽しみでした。


Yくんの病院にいくとへやが大きくなっていました。コンピューターがあるへやです。

「これはなに」ときくと「びょうきをなおすきかい」とお母さんがいいました。
ぼくはバカだからゲームかとおもってしまいました。
Yくんはまたひもがたくさん体についていて、手がほそくなっていました。
おばあちゃんとお母さんが先生のところにいくから、ここでまっていてといいました。
Yくんはねていたので、もってきた本をよんでいました。
お母さんたちが、かえってこないのでたいくつになりました。
さがしにいこうとおもいました。
Yくんをみると目をあけておきていました。
ぼくは「おはよう」といいます。
「お母さんたちどこにいるかみてくるね」というとYくんは手をのばしました。
そして「ここ、いて」といいました。
ぼくがうなずいて手をつなぐと、Yくんはゆっくりわらいました。

その日のよる、家でねていました。
でんわがなってお母さんが「病院にいってくる」といって、いそいででていきました。
おばあちゃんはこまっているようなかんじでした。

また、ねていると「おにいちゃん」というこえがきこえて、むねを3かいくらいさわられました。

目をあけてみるとYくんがいました。

Yくんは「おにいちゃん」とまたいいました。

また、ゆめかとおもいました。

Yくんがにこにこしていたので「本をよんであげようか」といいました。

Yくんが「よんで」というので本をよんであげました。

うしろでねていたおばあちゃんがおきて「なにしてるの？」というのでYくんに本をよんであげているといいました。

するとおばあちゃんは泣きだして「そうか、そうか」といいました。

次の日にYくんは病院で死んだといわれました。

Yくんがさいごにあいにきてくれて、とってもうれしかったです。


ぼくがその作文を読み終わるとMさんはいった。

「どうです？　ちょっと不思議な感じのことが書いてあるでしょう？」

書いたときのことは覚えてないんですよ、とMさんは笑った。

「弟がいたのも、入院していたのも覚えています。子どもの書くものなんで、想像が入っているかもしれませんが。書かれてある、だいたいのことは覚えています」

悲しい話に胸が痛くなったが、最後に逢った弟さんの姿を覚えているか尋ねた。

「ええ、覚えていますよ。やっぱり顔色は悪かったけど、病院にいるときよりも元気そうでした。いいかたは変かもしれませんが、楽になったんだと感じました。病院にいるときはずいぶん苦しそうでした。痛みもあったと思います。あとになって聞いたら、大人でも耐えれないほどの苦しみだったようです。あんなにちいさい子が、生きることを諦めずに戦っていたんでしょうね――」

そういうとMさんは笑いながらも、ひと筋の涙を流した。


これを読んだ担任はMさんの母親に直接、作文を手渡した。

悲しかったのだろう、担任の目は真っ赤に腫れていたそうだ。

母親も作文を読んで涙を流した。

そして、どうしても息子に聞いておかねばならないことができてしまった。

Mさんはその質問をされたことも覚えている。

「ここに書いている『お父さん』ってだれなの？」

Mさんの父親は弟が生まれてすぐに、事故で亡くなっていた。

シルエット

大学で先生がスクリーンの前で講義をしていた。

あまりにも生徒の私語が多いので「どうかしたんですか?」と先生が訊く。

すると前に座っていた子が「あの」といいにくそうに伝えてきた。

「さっきから、変な影がスクリーンに映っています」

いわれて先生は「影ですか?」と振りかえり、躰を引いてスクリーンを見る。

だらりとぶら下がる人間の形をしたシルエットが、上の端に映っていた。

肩のあたりから上はスクリーンが途切れているのでわからない。

まるで首を吊っているひとの影のようだった。

「なんでこんなものが映っているのでしょうか?」

いいながら光源のプロジェクターを確かめるが、障害になるような物はなにもない。生徒たちのざわめきが強くなった。

パソコンの画像を止めて、白い画面にするとシルエットも消える。

ということは、もともと画像そのものに影があるということだ。

画像をもう一度つけると、またシルエットがでた。

プロジェクターが映したというより、ぼうっと浮きでてきたような感じだった。

「……今日は機械の調子が悪いみたいですね、多分」

先生はよくわからないことをいって講義を中断した。

その大学でだれかが首を吊ったとか、先生のまわりで亡くなったひとがいるとか、そういった話はなく、ただの一度だけそんなことがあったと先生から聞いた話だ。

心霊写真

九十年代の出来事である。

バイト仲間から「K美ちゃんの心霊写真が撮れたの」といわれた。

K美さんは怖がりつつも気になり、見せてもらった。

アルバイト中、何人かで作業をしているところを撮った写真だった。

他のひとたちは普通に写っているが、自分だけ赤い光に包まれていた。

まったく怖くなかったのでK美さんは安心する。

「私だけ真っ赤だけど、なんかの反射じゃないの？　照明とかレンズとかの」

そういうとバイト仲間が指をさした。

「オーラみたいでかっこいいじゃん。でもほら、ここ。なんか変なの」

K美さんを包んでいる赤い光は、腹部から写真の端まで細長く伸びていた。

「なにこれ？　ぜんぜん心霊っぽくないじゃん」

「と思うでしょ。この写真も見て」

バイト仲間が渡してきたもう一枚の写真には、Yくんが赤い光に包まれている。

「これ連続で撮ったの。右にいるK美ちゃん撮ったあと、カメラを動かして左にいるYくん撮って。だから、こうやると面白いんだよ、ほら」

バイト仲間は二枚の写真を並べてくっつけた。

確かにK美さんとYくんと光の線はピタリとつながった。

「動かして撮るからでしょ。車のテールランプ撮っても、こんな感じになるよ」

「でも光るものなかったけどなあ。ふふ、なんかコレ、まるで赤い糸みたい」

K美さんは「Yくんと？　もう。勘弁してよ」と顔を引きつらせた。

「焼き増しして、K美ちゃんにもこのラブラブ心霊写真あげるね」

「いらんわ。あんなヤツとのラブラブ心霊写真なんか。さあ、仕事しよ」

その二枚の写真は現在、壁に飾られている。

K美さんとYくん、そしてふたりの子どもが一緒に住む家のリビングの壁に。

スカートと足

Cさんの話である。
彼氏が眠っている横でCさんも寝転がり、テレビを観ていた。
突然、ふッと横に気配が現れたという。
（なにか……きた）
部屋のなかに、重く湿った空気が広がるのがわかる。
Cさんは「そういったもの」を何度か視たことがあった。
怖い思いをするのはごめんだと、視線をテレビに向けたまま動かなかった。
しばらくして湿った空気が重くなったように感じた。
彼氏は酒を呑んだせいでイビキをかいて眠っている。起きる気配はない。
（……役立たず）
あまりにも長い時間いるので（ウザいなあ）と、目をやってしまった。
自分の頭のすぐ横にスカートとその足が確認できる。
（近い……最悪や）

気持ちが悪いので、視えていないフリをして顔を伏せ、そのまま眠った。

気がつけば朝になっていた。

あとから思いかえして（あの足とスカート、知っている気がする）と思った。

スカートの赤い花柄が印象深く、なぜか気になっていた。

足の大きさから察して、まだちいさな子どもだったように思えた。


後日、この体験をCさんは母親に話した。

Cさんの母親もよく奇妙なものを視ていたので、興味深そうに聞いてくれた。

「どんな足やったん？」

「子ども。普通の足やったで。でも、なんか見覚えあるねんなあ。足だけやけど」

「おんなの子？」

「そりゃスカートやったから、おんなの子やろ」

また、しばらく思いだしてその足と一緒に視たスカートの柄を母親に伝えた。

「赤い花柄のスカート？」

すると母親は席を立って奥の部屋にいくと、一枚の写真を持ってきた。

「……それ、この子じゃないの？」

その写真を手にして、Cさんは思わず声をあげた。

「あッ、私が視たスカートと足やッ」

それはまだ、子どものころのCさんの写真だったという。

殺したから

これも詳細が書けない話である。

警察官から聞いた話だ。

某有名チェーン店の居酒屋にMさんという男が働いていた。彼は仕事ができるほうではなく、毎日のようにイラついた店長に怒られてばかりで、殴られたりすることもよくあった。傍《はた》から見ると、まるでイジメられているようにしか見えない日々だったが、相談する友人もおらず、もとより地味な性格はどんどんと暗くなっていった。

あるとき、ちょっとした失敗を起こした。

注文のあったビールをテーブルに置くとき、ジョッキを倒してしまった。

その席についていた女性客はMさんを酷くなじった。

よほど悔しかったのか、ストレスでおかしくなっていたのか。Mさんは帰り道に女性をつけて、ひと気のないところで持っていた刃物をとりだし、彼女を刺した。

ひとを殺してしまったと、部屋で震えているとインターホンが鳴った。

玄関ドアの覗き穴で確認すると――殺した女性が立っていた。

刺し殺した相手が家にきた。混乱と恐怖は相当のものだっただろう。

ドアを開けずに奥へもどると、女性がMさんの布団の上に立っていた。

悲鳴をあげて部屋から逃げだすMさん。振りかえると女性がよたよたと追いかけてくる。

路地、コンビニ、駅の近く、商店街。女性はずっとMさんについてきた。

公園で息を切らし、しゃがみ込む。女性は目の前までやってきた。泣きながら許しを請うが、女性は黙ってMさんの首に腕を伸ばし、絞めつけてきた。

Mさんは（死にたくない！）と必死に逃げた。

なんと二日ものあいだ走り、移動を続けた。

逃げきれないと思ったMさんは、目についた警察署に入っていった。

「ぼくが殺したから、捕まえてください」

ずっと、それだけをつぶやいていた。

警察もワケがわからず、とにかくMさんを保護した。

さて、ここからが本題である。

警察が調べたところ、Mさんは確かに女性を刺していた。

しかし、その女性は死んだどころか怪我も負っていない。

あの夜、ひと気のない路地でMさんは刃物を手に女性に向かって走った。

女性は足音で振りかえり、刃物を見て身を引き、つまずいて倒れてしまった。

倒れる最中に刃物は刺さった。だが、それは女性の躰ではなく、肩にぶら下げていたカバンだった。Mさんは、このときから精神的におかしくなっていたのか「間違いなく刃物に血がベッタリついているのを確認した」らしい。

そして亡くなった女性がMさんを追跡してきた。

走るのを止めると、首を絞めてくる。

逃げ疲れて警察にきた――ということだが、当の女性はぴんぴんしていた。

一応、女性が襲われたということで被害届をだしていたが、もしそれがなかったらMさんのいっていることは、なにひとつ伝わらなかっただろう。

Mさんは執行猶予がついたが、そのまま病院に入院することになった。

これがある事件の真相だ。わかるひとにはわかるかもしれないが、すこし変えさせてもらった。

しかし、真相がすべてわかったあとにも、ひとつだけ疑問は残った。

自分ではつけることのできない、両手で絞めた跡がMさんの首にあった。

女性が亡くなったというのはMさんの妄想だったとしても――彼の首を絞めていたのは一体なんなのかは不明、という話である。

ご注意を

東北在住、年配の拝み屋が親せきの結婚式のため、東京にやってきた。

式の参列者にこんなことをいって驚かせたそうだ。

「車できたんですけど、すごいですね。あんな燃えてる霊、初めて視ました」

火柱のように燃えているひとが何体も立っていて、手招きしていたらしい。

「どこですか？」

「高速ですよ。あれは怖いですね。走ってるから祓う時間もないし。もう、だれもなにもできないんじゃないかな。通るときは本当に気をつけないとヤバいですよ」

皆さまも首都高湾岸線有明《ありあけ》ＪＣＴではご注意くださいませ。

共有

今年、春ごろの話である。

深夜、お祖父さんが飼っている白猫と三毛猫が話をしていた。

近所のひとたちのこと、他の家の猫のこと、人間の時事的なニュースなど。

お祖父さんは会話を聞いて（猫も……情報の共有するんだな）と思った。

人間の時事的なニュースとはなんだったのか。

ぼくはその点が気になってしまい、お孫さんに頼んで訊いてきてもらった。

お孫さんが尋ねると、お祖父さんは「コロナの感染状況」とだけしか答えてくれず、ぜんぜん詳細がわからなかった。

ただ、いままでも猫たちは親せきが入院することや、どこそこの道で事故があるなどを事前にいい当てたこともあり、お孫さんは「ぼく的には、ウソいってるとは思えないんですよね」と仰《おっしゃ》っていた。

山の祠

大阪市内で自営業をしている男性、Ｉ田さんの話である。

彼はドライブが好きで、時間があれば山を走っていた。

山道では、いろいろな景色を見ることができる。変わった場所にあるお店、古い歴史がありそうな神社。昔話に登場しそうな村を見つけたこともあった。

都会にはないものが、Ｉ田さんは大好きだったのだ。

ある週末、Ｉ田さんは彼女と一緒に、兵庫県の山で車を走らせていた。

どこかに向かっていたワケではなく、気ままにおしゃべりをしながらドライブを楽しんでいた。夕方だったがまだ夏の陽ざしが強く、窓から入ってくる風が涼しい。

「珈琲が飲みたいなー。ノド渇いてない？」

「うん、渇いた。お店か自動販売機、見つけたら買おうよ」

いつの間にか、山の深い場所まで入っていた。

自動販売機どころか、車を停めることもできないような道が続いている。

「なんか……なにもないね」

さらに一時間ほど走ると、すこし広めの道にでた。

「あ、あれ自動販売機やん。こんなところでラッキー」

彼女がいう通り、前方に自動販売機があったので車の速度を落とした。

「なんか古そう……動いてないんじゃないの？」

年代を感じさせる自動販売機だったが、車を停めてふたりとも降りてみた。

表示されているドリンクも見たことがないほど古い。メーカーの名前も聞いたことがないものだ。全体がサビ色に包まれている、昭和時代の自動販売機だ。

「……お金入れてみようか？」

「うん。お金入れたら絶対かえってこない。賭けれます」

I田さんも（まあ、そうだろうな）と小銭を入れるのをやめた。

まわりはうっそうと茂った森ばかりだ。アスファルトが夕陽を跳ねかえして暑く感じるが、空は綺麗なオレンジだ。風が木々の葉を揺らす音が心地よかった。

住めといわれれば不便そうだが、遊びにくるぶんにはいいところだった。

「ねえ、あそこになんかあるよ」

彼女が指さす自動販売機の後ろから小道が延び、その先にちいさな祠《ほこら》がある。

「あれ？　なんか……変な道だね、これ」

首をひねる彼女に、I田さんも「確かに……変やな」とつぶやいた。

祠への小道が自動販売機の真後ろから続いている。

ということはアスファルトから真っ直ぐに小道に入るのは不可能だ。

草をかきわけて、自動販売機をまわりこまなければならない。

まるで小道が発見できないように、自動販売機で隠しているようにも見える。

「なんやろ。ちょっといってみようか」

I田さんと彼女は自動販売機の横から裏にまわり、小道を進んでいった。

「あ、なんか明るいで」

戸が閉まった祠のなかに、火のついた蝋燭《ろうそく》があった。

「ホンマや。地元のひとがきてたんやろうな」

「せっかくやし、なんかお願いしていく?」

「お願いとか……してもいいところなんかなあ、こういうの」

それでも彼女が「叶うかもしれんから」というので、I田さんは財布から小銭をとりだす。祠の前において「じゃあ……」と手をあわせて数秒、目をつぶった。

まぶたを開け「さあ、いこうか」といった瞬間に、ぱっと景色が変わる。

車のシートに座っていた。

「……え？　なに？」

助手席の彼女が目を擦りながら「あ、起きた？」と寝起きのように伸びをした。

「大丈夫？　もう帰ろう」

Ｉ田さんが混乱しながらも周囲を見る。

いつの間にか夜になっていて、そこは見覚えのない場所だ。

ここにくるまでの記憶がすっぽりと抜け落ちている。

「どういうこと？　なにがあったん？」


祠に手をあわせたあと、彼女はＩ田さんに聞いた。

「宝くじ当たるようにお願いしてみたで。あんたはなにお願いしたん？」

しかし、彼はなにも答えず、彼女のほうも見ずに歩きだした。

そのまま自動販売機の前までもどると、黙って停めていた車に乗り込んでしまった。発進しようとしているので、彼女は「待ってや」と急いで助手席に乗った。

「なあ、どうしたん？　なんか変やで。大丈夫？」

Ｉ田さんは抑揚のない声で答えた。

「寄るところ、あるから」

そして車を発進させて、それ以降はなにもしゃべらなかった。

なにを話しかけても答えてくれなくなったI田さんに、彼女は（なんか怒ってるんかな……まあ、いっか）とため息を吐き、いつの間にか眠ってしまった。

しばらくしてエンジンが止まった。

彼女は家についたのかと思ったが、まだ山道だった。

陽は落ち、あたりは暗くなっている。

車の横には鳥居があったので、神社の前だということがわかった。

「——待ってて」

彼女にそういうとI田さんは車を降りて、神社のなかに入っていった。

真っ暗で、鳥居の奥の様子はまったく見えない。

（よくこんな怖いところに入れるね……大丈夫かな）

しばらくすると車にもどってきた。

なぜか手が濡れていたので、トイレだったのかなと彼女は思った。

そのまま再び車を運転させて進んでいたが、急に車を停めた。

「——疲れた」

そういってシートも倒さずに眠りはじめたのだという。

I田さんにはその間の記憶がまったくない。

急に夢遊病のようになって躰が動いたのかと怖くなった。

「ホンマに、なんかとり憑かれてるみたいやったよ」

「そんなことが一度あったんです。あの祠って実は有名な心霊スポットかなにかなんですかね。調べてもわからないんです。なにか知っていますか?」

そう尋ねられたぼくは、次の話を思いだした。

金持ち

リハビリである程度回復するって言われたけど、あんまり変わらんですね。

足の神経が断裂して筋肉が引きつってます。ときどき、やたらズキズキ痛みますね。雨の日とか百パーですね。鎮痛剤はいつも持ち歩いています。

バチですね。悪さばっかりしてましたから。仕方がないと思っています。

歩くときには杖がいるし、もう走るのとか無理って言われました。

躰が前と違うだけでみんな態度が変わりましたわ。

あんなところ、行かなきゃよかった。

別にゾクとか走り屋ではなかったんですよ。ぼくは車が好きやったんです。

ツレが新車買《こ》うたって、ぼくを誘ったんですよ。みんな乗せて飛ばしてました。

山道なら車なんか全然こないような広い道、けっこうあるんで。

スピンやりまくれるし、峠にいったらギリギリまで攻めこめるし。

やっぱり助手席でも、乗ってるだけでも面白いんです。

他にもですか？　いますね、同じ趣味の子らというか。たまにからまれます。

ヤクザまがいの奴らとかゾクの奴らが多かったですけどね。だから念のため、車にいつも道具のせてるんです。鉄棒とかゴルフクラブ。ボコボコにしてやるんですよ。もちろん、それが目的じゃないけど。向こうから、からんでくるんで。

あの夜は三人で向かってました。

運転手が「いい峠ないかなあ」言うて。そしたら道に迷ってもうたんです。

ここどこや？　って、車停めてナビつけたんです。

現在地が把握できませんって言われました。

運転してたツレが「ションベン」て言うて外でました。煙草吸って待ってたら、

「ちょ！　めっちゃ怖いのがあるから来てッ」

そんなこと言うから、ぼくらも外にでたんです。

真っ暗でわかりにくかったけどボロボロの自動販売機がありました。

こんなもん、どこが怖いねん言うてました。

「違う違う、あそこや」

自動販売機の後ろ、奥になにか光ってるのがあるんです。

ちいさな、なんて言うんですか、名前わからへんけど、お寺？　仏壇？　みたいな。ちっちゃい犬小屋みたいな、なんか祀《まつ》ってる、的なやつです。

「いってみようや」

みんなで葉っぱのなかを進んでいきました。

光っているのはなんや思たら蝋燭なんです。

やっぱりだれかが火、つけにきてるんでしょうね。仏教？ みたいな。うちのばあちゃ

んもよく近所の地蔵とか、お供え物持って行ってました。そんな感じで、夜でもだれか、わざわざ火をつけに来てるんでしょうね。

でも、こんな夜中、こんなだれもおらんところ。

なんか気持ちが悪いでしょ。確かに雰囲気もあって怖いところでしたわ。

運転してたツレはなんか知らんけどチャラけて、こんなこと言いました。

「オレ、お願い叶えてもらおーっと」

手をあわせて、口にだして願いごと言うてました。

「オレらみんな、お金もらえますよーに」

お金持ちになりますようにって意味でしょう。アホやから言葉知らんのです。

そのあと車にもどって、また走らせてました。

ちょうどいいカーブ見つけて。ギャンギャン走ってたんです。

そしたらツレが「うん。もう、終わりやなあ」って言うんです。

まだまだ道は続いているんですよ。なにが終わりやねんって聞いたら、

「オレらもう終わりや！」

叫んで、そのままガードレールにハンドル切って。

けっこうな高さの崖から落ちたんで、三人とも大怪我でした。

気がついたら病院。運転手と後部座席の奴は、事故の衝撃でなにも覚えてません。あの自動販売機のあたりから記憶が途切れているそうです。

三人とも後遺症が残りました。オレも、この通りですわ。

あ、でも、役所にいったらお金もらえて、なんとか生活できてますよ。へへ。

夜火

山の祠を探したのは、もう十五年以上も前のことである。
兵庫県の山奥という情報しかなく、似ているところすら発見できなかった。
あるとき、この話を怪談師がイベントで語った。
すると「その祠のこと、聞いたことあるかもしれません」というお客がいた。
「聞いた話なんで、具体的に場所がわかるというワケではないんですけど……」
そういってイベントのお客、T辺さんは話してくれた。

T辺さんの祖母がまだ十代のころ、兵庫の山にあるちいさな農村に住んでいた。
あるとき父親と一緒に京都の町までいったことがあった。
親類のところで何日か楽しいときを過ごす。
帰るため、汽車を乗り継ぎ、山の麓に到着したのは夕暮れどきだった。
父親は「しんどいけど、頑張ろうか」と彼女に声をかけた。
山を登って間もなく暗くなった。月もでていなかったので彼女は怖がり、しっかりと父親の背中についていった。

するとに父親が立ちどまった。祖母が「どうしたの？」と尋ねると、

「お前、あれが見えるか？」

そういって森を指さしたので、目を凝らす。

ちいさく光るものがあった。

「父ちゃん。こんなところ、家があるねんな」

祖母がいうと父親は「あれは家やないで」と答えた。

「小堂や。むかしはもっと大きかった。みんなで壊したんや」

「壊した？　なんで壊したん？」

「あったらアカンからな。あのときは大変やった」

「でも、まだあるの？　壊したんと違うん？」

「全部は壊しきれなんだ。あれは火で明るくして、ひとを呼びおる」

「呼ぶの？　なんで？　あれはなに？」

彼女が不思議がっていると、父親は森を睨みつけながら忌々《いまいま》しそうに答えた。

「わからんでもええ。あれがホンマに『怖い』もんや」

「あれが怖いの？　あんなに綺麗やのに怖いの？」

「そうや。あれが怖いもんや。怖いもんが綺麗なときもある」

「そうなんや……いつからあそこにあるの？」

「わしが子どものころからずっとある。お前も絶対に近づいたらアカンで」

気まぐれの神さんほど怖いものはない――父親はそういうと、また歩きだした。

コテージの煙

都内在住のCさんという男性から聞いた話である。

大学時代の夏、サークルの仲間たちと泊まりで遊びにいくことになった。

人数は十数名ほどで場所は群馬県の貸別荘だ。隣りあわせのコテージを二軒借りて、みんなで楽しんでいた。その貸別荘は個人経営らしく、設備はそこまで充実していなかった。

それでもバーベキューや焚き火ができれば、彼らには充分だった。

深夜になって何人かが眠りにつき、まだ体力がある者はコテージの庭に設置されたテーブルで煙草を吸いながらビールを呑んでいた。

恋愛や家庭の話、今後のサークルでの企画や笑い話に花を咲かせていた。

「あのさ、ちょっといい？」

盛りあがっている彼らに、隣のコテージで眠ったはずの女子が話しかけてきた。

「あれ、起きたの？　ビール呑む？」

「いらない。あのさ、あそこの窓からここ、見えるんだよね」

彼女は隣のコテージ、二階の部屋を指さした。

「私、あそこの部屋で寝てたのよ」

「そうなんだ。ごめん、オレたちがうるさくて起きちゃった？」

「ううん、そうじゃないんだけど……あのね、ベッドで寝ていたらね」

部屋のベッドは二床あり、うち一床は窓にくっつくように配置されていた。仰向《あおむ》けで枕から顔をあげれば、ちょうどCさんたちがいる庭を眺めることができる。

盛りあがる声で目が覚めた彼女は、窓の外を見た。

屋外灯に照らされて、煙草を吸いながらビールを呑む彼らの姿が確認できる。Cさんたちの頭から数メートルほど上に、煙草の煙のモヤが浮かんでいた。

(喫煙するひとたちって、煙たくないのかな)

嫌煙家の彼女がそんなことを考えていると、煙が妙な形に見えてきた。目を凝らしていると、それは子どもの大きな顔のように思えた。

「え、マジ&マジ？　怖い感じの話な感じ？　そんな感じ？」

酔っていたCさんたちは突然の怪談についていけず、みんなで笑ってしまった。そんな反応がかえってくると予想していた彼女は、苦笑いを浮かべて「うん、マジ&マジだよ。ほら、これ」とスマホの画面をCさんたちに向けた。

画面にはビデオ録画された映像が映しだされていた。確かにCさんたちの頭の上で、霧のようなモヤがゆっくりと渦巻いていた。

「ただの煙っしょ、これ。普通に煙草……あれ？」

画面を凝視するみんなの顔色が変わった。

確かにモヤは子ども――というより、大きな赤ん坊の顔に見える。

ゆっくり回転しながら、楽しんでいるCさんたちをひとり、またひとりと順番に見下ろしながらまわっていた。口元は笑っているようにも思えた。

「……ほら、いるでしょ」

静かになったCさんたちに、彼女が「上」と人差し指を立てる。

そこには停滞した煙がゆっくりと、いまもまだ回転を続けていた。

「そろそろ、ね、寝ようか」

だれかがいいだすと、そのままお開きとなった。


翌日、みんなでコテージの片づけをしていた。

隣と違い、Cさんのいるコテージは遅くまで呑んでいたので時間がかかった。

「なんですか、これ？」

手伝いにきた隣のコテージの後輩が、庭にあるテーブルの灰皿を指さした。

「吸い殻てんこ盛りだろ。けっこう遅くまで呑んで。煙草も吸いまくったから」

二日酔いのCさんが答えると、後輩は眉間にシワをよせた。

「灰皿？　これ灰皿じゃないですよ。なんでこんなところに……だれのですか？」

「最初っからあったよ。この別荘のでしょ。灰皿じゃなかったらなんだよ」

後輩は真剣な表情で、吸い殻だらけのそれを持ち上げていった。

仏壇の香炉《こうろ》ですよ。

別の子

二十年以上前、北海道に住んでいたKさんが体験した話である。

彼が小学生だったある冬、友だちの家に歩いて向かっていた。

前日に積もった雪でスリップ事故などが起こらないよう、除雪車があちこちを通過しており、どけられた雪が道の両端に寄せられて壁を作っている。

Kさんは慣れた歩きかたで進んでいると、ちいさな橋にさしかかった。

そこも除雪車が通過したようで、雪壁は橋の欄干《らんかん》を隠すほどの高さだった。

そのとき、前から青いジャンパーの同年代の男の子が、歩いてきた。

同じ小学校の同級生のEくんで、何度か遊んだこともある子だ。

Kさんは「おーい」と手を振ったが、Eくんは気づいていないのか反応がない。

もっと近づくと気づくだろう、そう思っていると——。

急に足を止めてEくんは、雪壁をよじ登っていった。

橋の欄干と一体になった雪壁の向こうは、下に川が流れているだけだ。

「あぶな……」

Eくんは雪壁の上に立つと、ぴょんと向こう側にジャンプした。
(落ちた!)
慌ててKさんも雪壁をよじ登って、橋の下を覗いたがEくんの姿はない。
雪で増水した川があるだけだった。
あたふたしていると、通行人のおじさんがKさんに声をかけてきた。
「なにしてるの? そんなところに登ると危ないよ」
Kさんは道におりると「友だちが落ちたの!」と助けを求めた。
おじさんは慌てて雪壁に登り、川を覗きこむ。
「ちょ、ちょっと、ここで待ってて!」
そういって走っていった。
おじさんが通報したらしく、すぐに緊急車両がサイレンを鳴らしてやってきた。
あたりは大騒ぎになって捜索がはじまった。
そのあいだ、消防団のひとや警察官に、Kさんはいろいろなことを尋ねられた。
自分の住所、青いジャンパーの友だちのこと。
ひとの死を目撃したかもしれない状況にKさんは震えていた。
捜索開始から一時間ほど経ったころ、若い警察官が走ってくる。

「きみ、友だちのEくんが落ちるのを本当に見たんだね」

Kさんは黙ってうなずく。

「連絡がついたんだ。Eくんはとっくに帰っていて、家にいるそうだ」

Kさんは頭が真っ白になった。

総勢何十人にもなっている騒ぎだ。ウソを吐いていると思われたら堪らない。

必死で自分が本当に見たのだと、涙目で説明した。

「そんなはずないよ！　本当だよ！　ホントに見たもん！」

「大丈夫だよ。正直にいっていることくらいお巡りさん、わかるから」

「青いジャンパー着たEくんだったよ！」

「うんうん。ただ、きみが見たのは違う子なんじゃないか？」

警察官はKさんを落ち着かせようとしながら、優しい口調で続けた。

「覚えてない？　他の特徴とか、なかった？」

川に飛びおりたのはEくんではなく、知らない子ども——もしくはいきなりのことで動揺し、知らない子を友だちと勘違いしたのではないのか、というのだ。

自信がなくなってきたが、見間違えるほど慌てていたとはどうしても思えない。

それでも自分がこの騒動を起こしたような気になって、肩身がせまかった。

そのうちEくんの母親が現場に現れ、動揺しているKさんに話しかけた。

「うちの子じゃなく別の子だよ。学校から帰ってきてから、ずっと家にいたもの」

お母さんが指さすほうを見ると、Eくん本人もきていた。

「青いジャンパーも持ってないし。でも心配してくれたんだね。ありがとうね」

そういってEくんの母親は笑ってくれた。

結局、川で遺体などは見つからず、Kさんが責任を追及されることもなかった。

事故ではなく「子どもの見間違い」ということで丸くおさまったのだ。


ところが一年ほど経って、騒動があった川で遺体があがった。

変わり果てた姿のEくんだった。

なぜ川に落ちたのかは目撃者がおらず、詳細はわからないままだった。

ただ、亡くなったEくんは数日前に買ったばかりの青いジャンパーを着ていた。

だれもが一年前の騒動を思いだしていたが、関連があるとは考えにくい。

たくさんのひとたちがEくんの葬儀に集まってくれたそうだ。

もちろん、Kさんも参加した。自分のせいではないのはわかっているが、いたたまれない気持ちになった。まわりのひとたちもKさんにずいぶん気を使っていたそうだ。

肩を叩かれ振りかえると、Eくんの母親が立っていた。
しゃがみ込み、黙ってKさんの顔をじっと睨みつけてくる。
その目から、疑いとも憎しみともとれない、なにかを感じた。
（あんた、ウチの子が死んだ理由、なにか知ってるんじゃないの――）
そのときの目が恐ろしくて、いまも忘れられない、とKさんは身震いしていた。

ラブホのノート

クミさんが彼氏とラブホテルに入った。
部屋には自由帳のようなノートが置いてあり、ふたりでそれを読んでいた。
《いつもありがとうございます。また来週もカレときますね》
彼氏が「毎週きてるんだ。すげえな」と笑う。
《東京のホテルにしては、まあまあキレイな部屋やったわ。おおきに》
クミさんが「県外からのひとね。関西かな」とつぶやく。
《もうすこし値段を下げて欲しいです。高すぎ。カラオケも設置して欲しい》
彼氏が「カラオケボックスいけよな」と突っ込みを入れる。
《シャワーの水圧が弱すぎます。今日は寒いのに》
クミさんが「バスタブにお湯溜めればいいよ」と意味のないアドバイスをする。
さまざまなことが書かれていたので、それなりに楽しんでいた。
一緒に読んでいたヒロさんが「うわ……ひええ」と変な声をだした。
「なんか、これだけ変だね。すげえキモいんだけど？」

彼氏が指さしたところには、このように書かれていた。

《クミ　もし7月5日なら　すぐ帰れ　母が火事起こし　娘が焼ける》

書かれている日付は、まさに今日である。

そしてシングルマザーのクミさんは、まだ幼い娘を母親に預けていた。

「……ちょっと電話してみるね」

不安になったので母親にかけると、すぐに電話にでた。

「お母さん、いまどこ？」

「いま買い物にきてるの。天ぷら食べたいってあの子がいうから」

「天ぷら……そう、わかった。火の扱いには気をつけてね」

電話を切ったがクミさんの不安は消えなかった。

その様子を感じとった彼氏も「なんか怖くないか」と青ざめている。

「いいよ、気にしないで。ただのイタズラでしょ」

「そうだろうけど、なんかこの筆跡って、クミの字に……あれ？」

さっきふたりで読んだはずの文章が消えてなくなっている。

「確かにあったよな……ここらへんに」

ページをもどして文章を探したが、見つからなかった。

「なんか……オレのほうが怖い。今日はやっぱり帰ろう。車で送っていくわ」

クミさんは「わかった」と同意して、一緒にラブホテルをでた。

母親と娘がいる実家にもどると、まだ調理ははじまっていなかった。

クミさんは予言を信じたことによって火事を回避したと思っていない。全部、ただの思い込みかもしれないが、あの文章がきっかけだったのは間違いない。

その文章が消えたことだけは、どうしても説明がつかないのだそうだ。

もう一度だけ

「もう一度だけって言葉、いいですよね。もう一度だけ逢いたいとか。もう一度だけ声を聞きたいとか。でも私、最悪な『もう一度だけ』を知っているんですよ」

そういってK奈さんは話しはじめた。

都内で主婦をしている彼女は一軒家に旦那と息子の三人で住んでいた。

息子のSくんが幼稚園のころ、ふたり目の子どもを妊娠、家族が増えると喜んだ。

そんなとき、その現象は起こった。

夕方、K奈さんが台所に立っていると、部屋で遊んでいたSくんが足にしがみついてきた。包丁を手にしていたK奈さんは野菜を切りながら、

「どうしたの？　いまお料理してるから危ないよ。あっちで遊んでなさい」

ちょうどそのとき電話が鳴った。

包丁を置き「ちょっとごめんね」と息子の頭を撫でて電話に向かった。

子ども部屋ではSくんがテレビを観ていた。

「――え？」

驚いて振りかえり、台所を見たがだれもいない。
(じゃあ、いま足にしがみついていたのは?)
ぞッとしたが、気のせいだと思うことにした。

夫が出張にいっている夜のこと。
Sくんを寝かしつけていると、いつの間にか自分も眠ってしまった。
「——K奈」
名前を呼ばれたような気がして目を覚ます。
声はリビングから聞こえたように思えた。
確認しにいくと、リビングから伸びた影が廊下に映っている。
だらりと手を垂らしたような女の影だった。
K奈さんは「だれ!」と声をだしてリビングの入り口に立った。
消したはずのテレビがついているが、だれもいない。
影もいつの間にか消えていた。
このようなことが何度も起こるようになった。
特に、妙な影は頻繁に現れた。

なにかの病気になったかと思って心配するほどだったが、いまはお腹に赤ちゃんがいるのだからと、気持ちをしっかりさせた。

夫に相談すると意外なことに「じゃあ、お祓いでもしようか」といった。

彼はそういったものを一切信じていない。

「信じてはいないけど、みんな普通に厄払いとかするだろ。ああいうのは心のためにやるもんだ。お祓いをするだけで、そういうものを視なくなったらいいじゃん」

その通りかもしれないと納得して、お祓いをしてみることにした。

いざやろうと思うと、どこに頼めばいいかわからなかったが、近くのお寺に電話で訊くとすんなり受けてくれた。夫も胡散臭い霊能者に頼むよりはと安心した。

指定した日曜日になって住職がきてくれた。

住職はなにがあったのか尋ねもせずに「それでは、はじめますね」と手に数珠だけ持ってお経を唱えて部屋をまわる。夫もK奈さんも、お祓いというものはもっと厳《おごそ》かで準備が必要なものだと予想していた。

K奈さんたち（流れ作業みたいに、気軽にできるものなんだな）と思った。

二階の部屋からはじめ、順々に部屋をまわっていく。

「それでは、ここで最後ですから」

住職は最後に、リビングでお経を唱えはじめた。

やることがなかったK奈さんたちは、住職の後ろで手をあわせた。

しばらくして突然、お経をやめて住職は静かになった。

「あの……失礼ですけど、妊娠していらっしゃいますよね？」

突然、振りかえってK奈さんに尋ねた。

夫もK奈さんも驚いた。まだお腹もでていないし、いま尋ねることではない。

そしてとんでもないことを住職はいいだした。

「あの実は……いいにくいのですが。どこからきたのか、髪の長い女性がこの部屋にいまして。変なことをいっているんです。お祓い、続けてもかまいませんよね」

「はあ……なんていってるんですか」

「追いださないでくれ、私は流産させたいだけなんだ、といっています」

「……はい？」

「もうでていくから、もう一度だけチャンスをくれ、脅かすだけだから、と」

「……」

「返事を聞くまでもありませんね」

そういって住職はお経を再開した。

Ｋ奈さんはさすがに怖くなって夫にしがみついた。

夫が震えているのを感じとり、その顔を見ると怯えてるようだった。

彼の視線を追うと、天井におんなの形をした影が大きく浮かびあがっていた。

「きゃあああッ！」

思わずＫ奈さんは大声で叫んでしまった。

住職がお経を唱え続けると、影はゆっくりと薄くなり、消えていった。


住職はお礼も受けとらず帰ろうとしたので、Ｋ奈さんたちは強引にお金を渡す。

「……では、お布施とさせて頂きます。ありがとうございます」

「あの、ひとついいですか。なんで『あれ』はこの家にきたんでしょうか」

夫が尋ねると住職は首をひねりながら答えた。

「たまたまどこかで目をつけられてしまった、というのが理由だと思います」

「そんな……運が悪かったということですか」

「本当に運が悪いひとは、憑かれていることも気づきません」

「はあ、そういうものなんですか……あの、もう大丈夫ですよね？」

「はい。成仏させることはできませんでしたが、家からでていって頂けました。多分、もうこないかと思いますけど、もしも、またなにかあったら呼んでください」
そういって手をあわせると、住職は深々と頭を下げた。
K奈さんと夫は住職を見送ると、ふたりで息子を迎えに幼稚園へ向かった。
園の入り口にいた息子が「ママ！　パパ！」と走ってくる。

その後ろに、あのおんなの影がゆらゆら。

リッチ伝説

十四年ほど前、関西に住むTさんが学生のときの話である。

ある春、ひとり旅にでることにした。

いきたい場所や目的があったわけではない。コンパなどでおんなの子に「ひとりで旅したことあるんやけど」と自慢したいだけだった。遠くもなく近くもない、でも近すぎるとダサいという理由から、ほどよく遠い関東へいくことにした。

そこで友人のNさんに連絡をとった。

彼とは大学で出逢って仲良くなったが、彼が中退して実家にもどってからは疎遠になっていた。Nさんは礼儀正しく、社交的な男だった。Tさんは彼にまた逢いたかったのと、予算のすくない旅だったので、何日か家に泊めてもらえたら助かると思ってのことだった。

Tさんが電話で話すと「おいでよ」とNさんは快く返事をしてくれた。

電車を乗りついで到着した駅をでると、思ったよりも田舎だった。

「久しぶり。元気か?」

迎えにきてくれたNさんと再会したTさんは、彼の自宅まで車で連れていってもらった。車には詳しくなかったが、妙に革のにおいがする助手席に座ったのを覚えているという。

「そこがウチだよ」

「まあまあ……大きいやん」

立派な装飾のついた門をくぐると、まるで国立公園のような土地が広がる敷地に入った。奥には木造の立派な日本家屋がいくつか見える。

予想していなかった光景にTさんはたいそう驚いた。

「お前んち……金持ちかいな」

豪族だった先祖おかげで、Nさんの一族は多くの土地を持っており、そこら一帯では有名な家系らしい。

「つっても、こんな田舎じゃ自慢にもならないけどな」

自慢にならない……。どっちがベッドで、どっちが床で寝るかなんてやりとりを想像していたTさんは開いた口がふさがらなかった。なにせ彼は部屋を持っているどころか、敷地内に専用の家があるというのだ。

貧乏育ちのTさんは心のなかで湧いてくる殺意を感じた。

高級車が何台も停まっている駐車場につくと、ふたりは車から降りて歩きだした。

途中、平屋家屋の前でNさんが止まった。

「あ、ちょっと待って」と入り口に向かおうとしたので、Tさんは「だれが住んでるん?」と尋ねる。「犬だよ」とNさんは答えた。

(まさか……犬の家だとでも?)

玄関のドアを開けると、何匹もの犬が吠える。

その鳴き声は実家の近所で聞いたことのある卑屈な「ワン、ワン!」ではなく、ラッキーを噛みしめた「リッチ、リッチ!」という鳴き声だ。どうやら間違いなく犬だけの家である。Tさんのほうが卑屈になりそうだった。

犬小屋ではなく、犬家からでてきたNさんを本当に殺そうかと考えながらまた歩きはじめる。庭に設けられた噴水を通りすぎたあたりで、きれいな女性が歩いてくるのが見えた。白い帽子をかぶったちいさな顔、モデルのような体形だった。

「あら、お客さま?」

「うん。大学で一緒だったんだ」

女性はNさんの姉――ではなく母親だった。

Tさんは思わず「は? おかん? お母さんってこと? マザーって意味やんな?」と何度も聞きかえしてしまった。彼女は笑っていたが、自分の母親とのあまりの違いに天地がひっくりかえるほどの衝撃を受けた。

「今日からTくん、ぼくのところに何日か泊まっていくから」

ビューティーママはそれを聞いて顔色を変えた。

「ダメ、あんな汚いところ。掃除させるから今日はウチで休んでもらってください」

舌打ちするNさんの頭を、Tさんは叩き割りたくなった。


そのあと通された豪邸と夕食は筆舌に尽くしがたいものだった。

ショックで記憶がないとTさんは語る。

初めてひとの家の子になりたいと思ったことだけは覚えていた。

シャンデリアのぶらさがる寝室で、マシュマロのような布団に包まれて、ひとり寝転がる。幼少のとき、家族みんなでテトリスのように寝ていたのを思いだすと、知らず知らずのうちに涙が溢《あふ》れていた。


翌日、映画のような朝食を頂いた。

フワフワしているTさんのもとにNさんが現れる。

もう反射的に敬語で挨拶してしまった。これだけのものを見せつけながら鼻にかけた様子が一切ない彼に寒気も走ったが、もはや反骨心は完全に消えていた。

「今日は近くの山にあるレストランで、ランチを食べようか」

「ウン！　ボク、なんでも食べられる！」

昼食にフランスという国の料理を食べてもどってきた。

満腹感に包まれたTさんはふざけながら「あのね、ボク、ここにいっしょう住みたいナ」と内心本気で頼み続けていた。

掃除が終わったというので、Nさんの専用宅に入れることになった。

洋風の家を想像していたが二階建ての和風造りだった。

「この家、敷地内でいちばん古いんだよ」

そこは何度も改築した建物らしい。

外観と内装はおもむきこそあれ、古さはまったく感じさせなかった。檜《ひのき》の木のかおりを漂わせ、壁も柱も淡く滑らかな艶《つや》をだしている。Nさんは「ちょっと前に耐震工事したばかりだから、崩れることはないよ」と冗談をいう。

Tさんは（この家でなら下敷きになって死んでもいい）と思った。

「この部屋で大丈夫？　他の部屋もあるけど」

通された部屋はふたつの二十畳部屋が、ひとつになった大部屋だった。

垂れ壁に能面が飾られ、横の壁には水墨画がかけられている。

奥の部屋には和風家屋に似つかわしくないキングサイズのベッド。Tさんが持ってきたリュックサックがすでに運ばれていた。

「ボク、ここで平気！　これからはちゃんと生きるねん！」

走ってベッドに飛び込み、布団の柔らかい感触で自然に喘ぎ声がでてしまう。

（ああ、もう、なにもいらない……ステキすぎる）

「……オ、オレは自分の部屋にいるから、適当に家のなかを見てまわってよ」

Nさんがいなくなると、Tさんはしばらくベッドで悶えた。

それに飽きると探索のため、ジブリの曲をハミングしながら屋内を歩きまわった。

なにもかもが豪華な家は、Tさんのせまい心を広くする。

台所、トイレ、風呂、居間、いく先々のすべての部屋に感動を覚えたTさんだったが、ひとつだけ違和感があるところを見つけた。

桜の木がある庭に面した廊下の突き当たり、色あせた板の戸があった。

（なんか、ここだけ感じが違うわ）

戸は両端に釘を打ちこまれており、開けることができない。

後ろから「そこ」と声がかけられた。振りかえるとNさんが立っていた。

「その部屋は『開かずの間』だから……入れないよ」

「そうなんや。なんかあるの？」

ゆうれいがいるんだよ、とNさんは真顔でいった。

「そうなんや。オッケ！」

Tさんがいこうとすると、

「え、それだけ？」

Nさんは呆気にとられた。

「ゆうれいおるんやろ。了解！　どうでもいいッス。開けなきゃいいんでしょ」

「本当いうと、実はここ以外にもこの家は……でるんだよ」

「無問題《モウマンタイ》！　気にしないから！」

意外な反応に、Nさんは開いた口がふさがらなかったようだ。

実はTさんは金縛りにあったり、奇妙な気配を感じたりの経験が何度かあった。霊の存在は信じていたが、そんな曖昧なものを怖がるより、リッチな生活のほうが魅力的だったので「ボクここに住みたい、住みたい」とまだいい続けていた。


その夜、Tさんは深夜に目が覚めた。

部屋のなかはアロマオイルの香りが漂っていて、起きても夢心地のままである。

薄明かりのなか、尿意をもよおしたので立ちあがって部屋をでた。

廊下を歩いてトイレの前に立つ。トイレは小便用と大便用のふたつがあり、

「へへっ、こっちにしよ」

彼は大便用のドアを開けた。

地元で借りているマンションの部屋より広いトイレだった。

平常時なら哀しくさせるが、いまのTさんには微笑《ほほえ》ましいものでしかなかった。

寝間着のズボンをおろして、小なのに座って用を足そうと便座に腰をかけた。

便座は温度を調節する機能がついているので、尻が温かく気持ちいい。そのまま（おケツが喜んでいる。最高）とウットリして、眠りそうになっていた。

がちゃり——ドアが開く音にびっくりして、Tさんは顔をあげた。

ドアは閉まっていた。どうやら、となりの小用のドアが開けられたようだ。

（Nもトイレかな）と思ったが、廊下を歩く足音が聞こえなかった。

（もしかして、ゆうれい？　電気を消されると……ヤバい）

Tさんは前にも友人の家でゆうれいを視たことがあった。電気が消え部屋が真っ暗になって、いくらスイッチを押しても明かりはつかなかったことを思いだした。

(急げ!)
大便をしたわけでもないのに、急いでTさんはビデのボタンを押した。
電気が消えてしまうとボタンを押しても反応しなるかもしれないと思ったのだ。
充分に楽しんだあと、吐息をもらすとペーパーでゆっくりと尻を拭《ふ》いた。
センサー機能で水が自動で流れてくれる。
満足気に手を洗って鏡を見ると、後ろに着物姿の老婆が立っていた。
わッと声をだしたが、ゆうれいだとわかるとTさんは、
「なんやオバアチャン! 恥ずかしいやないかッ、ずっと見てたんかッ、こらッ」
怒鳴りつけると、老婆は一瞬、驚いたような表情をして消えた。
タオルで手を拭きながらブツブツつぶやく。
「マナー違反やろ、堂々としてからに。ゆうれいなら情緒を大事にしてくれよ」
廊下にでると、小用のトイレの電気がついていないのを確認した。
Nさんではなく、ゆうれいだったことに、安心して部屋にもどっていった。
(オバアチャンが着てた着物、キャベツみたいな模様やったなあ)
そう思いながら、ぐっすり眠りについた。

最初は二、三日だけ泊まらせてもらう予定だった。

だが、なんとかして長期で滞在しようとTさんは頑張った。

Nさんが「いつ帰るの？」という話題を口にしそうになると、その気配を読んでマシンガンのように話し続け、誤魔化した。

まるで寄生虫型スネ男（？）のようだと思ったが、なりふり構っていられない。

なにせ生活の快適さが並み大抵なものではない。

Nさん宅に届けられる食事は毎回豪華なものだし、女中（？）が昼すぎに現れて必要なものを買いにいってくれるので、コンビニにすら足を運ぶ必要がない。

気がむけば外の敷地内にある池の鯉に、朝食のクロワッサンを投げたりしたが、一匹百万を超える値段だと知って、持ちだしてどこかに売れないかと画策した。

可愛い子がいたので話しかけるとNさんの妹であることが発覚。必死にアプローチしたが歯牙にもかけてもらえず、巨大なテレビを観て変な気を紛らわせた。

Nさんは仕事をなにもしていないようだった。もちろん、お金に困っている様子もなく（あるはずない）、部屋でプラモデルやフィギュアの塗装に夢中だった。

しかし、夜になると奇妙なことは起こった。

部屋の戸を開けると見える垂れ壁、そこにかけられていたお面は、夜になるとTさんのいるベッドを見つめるように必ず反対側の壁に移動していた。目があって笑いかけられたような気がしたので、Tさんは使ったティッシュを投げつけた。

仰向けで眠っていると、ふうふうと顔に風があたる。

目を瞑ったまま「あちゃあ！」と空中にカンフーパンチすると風はおさまった。

夕食後、Nさんの部屋から大量に持ちだした漫画を読んでいると、すーっと戸が開く。顔をだしたのはトイレで逢った老婆だ。なにかをいいたそうにしていたが、

「あ？　なんか用け？」

乱暴な対応をすると、すーっと戸は閉まっていった。

いかにナチュラルに滞在し続けるかということに比べれば、ゆうれいを退けることなどなんの苦でもなかった。ここに居続けることができれば、大学を辞めて楽しく生きることができる。それには妹を口説き落とすのが一番手っとり早いかもなどと、よからぬことを考えていた。

（イチかバチか、書くか……ラブレターを）

やりたい放題の楽しい日々が続いた、二週間目のこと。

パンツ一丁で寝転びながら卑猥《ひわい》な本を読んでいると、戸をノックされた。

「うむ。入ってよし」

昼過ぎだったので、買い物役の女中（?）だと思って、漫画から目を離さず「とりあえず『近代麻雀』買ってきてクリ。あとジュースとポテチも」と本日の注文をした。

「あの……Tさん」

顔をあげると、Nさんの母親が座っていた。

「あら、ママさま。どないしたんですか?」

よく見ると母親だけではなく、Nさんも妹も女中（?）もそろって座っていた。

「みなさん、おそろいで……」

なんだか厭な予感がした。

ファミリーは全員、かなり真面目な表情をしている。

後ろから杖を突いた和服の老人が姿を現した。

「きみが……Tくんか」

その容姿から溢れでる迫力が、ただものではないことをTさんに悟らせた。

かなりの重要人物のような気がしたので、躰を起こしてパンツ姿のまま、きちんと正座した。

「だれ?　おじいちゃん?」

Tさんの問いにNさんが「うわ」と悲鳴をあげて前にでた。

「う、うちの父だよっ」

「パ、パパさま？　ド、ドウモお世話になって参ります、です」

頭をさげる体勢と共に、手が前でて、卑猥な本をさしだすような形になった。

「挨拶にくるかと本邸で待っていたのだが……私からこさせてもらった」

ピリピリしたムードなので、返答を間違えてはならないとTさんは思った。

「ほ、本邸？　あ、あの豪勢な家やね。ボク、ここで大丈夫ですう」

冗談のつもりでデへへと笑ったが、だれも笑わなかった。

それどころか、より緊迫した空気に変わったような気がした。

「泊まっていることは知っていたが、もう何日にもなる。いつまでいるのかね？」

「い、いえ。ま、まだ旅の途中ゆえ、決めておりませせぬ」

なぜか武士になった。

「関係ないかもしれないが、私の大切な鯉が、のどを詰まらせて死んでいた」

「ボ、ボクじゃないです。クロワッサンとかあげてません」

クロワッサンを作った母親がピクリと反応して、驚きの表情に変わった。

妹はひと言「サイテー」とつぶやき、Tさんを睨みつける。

「……ここにきてから、老女を見ることはなかったかね？」

「ろうじょ？　ろうじょってババアのゆうれいのことですか。何回か見ましたですよ。ホントびっくりです、あのババア。オシッコしているとこ、ババアが……」

「私の祖母だ」

「……お婆さまでしたか。でもキャベツみたいな絵のかかれた着物で」

「ボタンだ」

「……なるほど」

「死んだ私の祖母が困った顔をして夢に現れる。なぜかいつもこの部屋だ」

なにか心当たりはないかね、とNさんの父親は青筋を顔に浮かばせた。

「な、なんだろなあ、もしかしたらボクを家族の一員に……」

「祖父も現れた。あの面になにかあったかね」

父親はTさんの真上、垂れ壁にかけられたお面を指さした。

「あ、あのお面ですか？　勝手に動くんでティッシュを投げつけて」

「うちの守り神の面だ。代々、大事に受け継いできたものだ」

ギャフン、とTさんは声をだした。

荷物をまとめて車で駅に送ってもらう。

運転をしていたNさんは「最悪、親父マジでキレてる。最悪」と青ざめていた。

Tさんは涙を流しながら「帰りたくない」と車をなかなか降りなかったという。


…………………………………


それから二年の月日が経った。

大学を卒業したあと、Tさんはぶらぶらと生活をしていた。定職にも就かずたいていはパチンコをしてすごし、ときどき競馬も嗜《たしな》んだりしていた。運まかせの毎日を繰りかえしたうえ、焼き肉とラーメンが好きなので体重は十五キロ増だった。

ある日、携帯に見知らぬ番号からかかってきた。

借金をしている金融屋かとビクビクしながら電話にでると、Nさんからだった。

「おう！　久しぶりだな！　元気？」

あのころとまったく変わらない、さわやかな声だった。

中毒性の高い夢のような生活が忘れられなかったTさんは、何度もNさんに連絡したがまったく電話にでてくれず、いつのまにか番号も変えられてしまっていた。

そのNさんが連絡をくれたのは驚いたが、二年のあいだにすっかり社会の波にもまれ、すれきっていたTさんは「あ？　なに？　なんか用？」と無愛想に答えた。

「なんだか冷たいな。お前の声が聞きたくてさ」

（えらくご機嫌とりな電話やな）とわかりつつも、ちょっと機嫌は良くなった。

「実はさ、ちょっとアルバイトしないかなと思って」

「アルバイト？　は？　なんでオレなの？」

Nさんはいいにくそうに説明した。

二年前、Nさん宅に泊まったときにTさんが見つけた「開かずの間」。

その部屋の掃除をして欲しいというのだ。

「掃除？　掃除やったら、そっちにナンボでもやってくれるひと、おるやろ」

「前にもいったけど、あの部屋にはいわくがあってさ。みんな厭がるんだよ」

「えー、ゆうれいやろ。どうしよっかなあ」

すぐにでも了承したかったが、とりあえず勿体《もったい》ぶってみた。

「ちゃんと謝礼でるからさ。頼むよ」

提示されたギャラは、都会の喧騒に疲れたTさんが元気になる金額だった。

二年ぶりの再会はあの駅だった。

同じように車で迎えにきてくれたNさんに、Tさんは満面の笑みで手を振った。

「久しぶりやな！　元気してたか？」

「うーす！　元気……ってお前、太ったなあ」

Tさんは前回の反省をしただけではなく、新しい対策も練ってきた。

(今回は絶対に気にいられてみせる！)

決意に満ちた顔をして助手席に乗りこむと、因縁のN家に向かった。


「Tさん、お久しぶりです……あら、すこし肥えましたか？」

敷地に入って歩いていると、すぐにNさんの母親に逢った。

「御無沙汰してます……その節はご迷惑をおかけしました」

Tさんは礼儀正しい言葉使いをした。

この日のため、事前にあらゆるシチュエーションを考えて、きれいな挨拶やセリフをアクセントと共に暗記してきた。深々と頭をさげる姿にも以前とは違う印象を与えるはず、という姑息な考えがあったのだ。

「仕事の前に注意事項があるんだ。まずは親父に逢いに本邸にいこうか」

本邸と聞いて、あの威厳の塊のような父親を思いだす。

すこし怯んだが（ふ、想定の範囲内さ）とスパイ映画の主人公のように笑った。

本邸は敷地内の奥、豪勢な家の裏にあった。

洋風でホワイトハウスを連想させるような建物である。

（マジかこれなんだありえねえ日本かよここは信じられんわマジすげえなぽわわわわ）

混乱しかけたが、平静を装って歩き続けた。

入り口には何人もの女中（？）が並んでいて、なかには可愛い子もいたがTさんはクールに笑って、かるく頭をさげた。前に逢ったひとはそこにいないようだった。

シンデレラの物語にでてきそうな階段を上がり、大きな扉をくぐって真っ直ぐ歩く。なにかの漫画で見たことがあるような、美術品の飾られている通路だった。

社長室のような部屋に通されると家の最強権力者、Nさんの父親がいた。

「やあ、Tくん。久しぶ……すこし太ったか？」

「いえいえ、その節は申し訳ありません。ご迷惑をおかけしました」

Tさんは深々と頭をさげると、ポケットのなかに手をいれた。

前もって用意しておいた設定で、携帯の着信音が鳴るようにボタンを押した。

「すいません、失礼。ああ、もしもし……」

商談がどうこうという言葉を連発させて、仕事ができる人間を演出する。

Tさん自身もあからさまだと思ったが、効果はあるはずだと信じていた。

電話を切った動きをとると「失礼しました」とまた一礼した。

「仕事かね？　忙しいのに申しわけない。でも、ここは電波が届かないハズだが」

不思議なこともあるもんですね、とTさんは顔を引きつらせた。

「まあいい。なんと聞いておる？」

「はい？　なんと……といいますと？」

横にいたNさんが「掃除」と父親にいった。

「そうか、掃除か。実はきみを呼んだ理由は掃除などではないのだ」

「え……そうなんですか？　掃除じゃないんですか？」

「あの部屋に入って、確かめてきて欲しいことがあるのだ」

「ああ、例の霊のゆうれいですね。はっはっは、そんなことですか」

なんでも仰ってください、とTさんは余裕を見せた。

「うむ。とりあえず、あの家にひとりで泊まって欲しいのだ」

老婆を視たように、どんなゆうれいがいたか教えてくれ、というものだった。

「可能な限り何日も泊まって、あの部屋にも何度もいって欲しいのだ。そして、どんな些細なことでも良いから、しっかり報告して欲しい。どうだ？　頼めるか？」

（なんや、そんなことかいな。めちゃ楽勝ぷっぷっぷー）

Tさんは安心したが、値打ちをこくため、考えこむ演技をしてから胸を叩いた。

「……わかりました。やってみましょう！　任せてください！」

そういうと父親もNさんも「おお、心強い！」とうなずいた。

Tさんには、心霊現象の類《たぐい》など苦でもなんでもない。

（これを機に、なんとかこのひとたちに恩を売っておかなければ！　けけけ）

そんな邪心だけでTさんは動いていた。


Nさんと一緒に、あの家に向かってTさんは歩いていた。

「なあ、前の女中のおばさんは辞めたの？」

「女中って？　ああ、前にいたお手伝いさんのことか。あのひとは……」

死んだよ、と暗い声でNさんはいった。

「へ？　死んだ？　なんで？」

「いや……いいにくいんだけど多分、あの部屋のせいで死んだんだよ」

「……マジで？」

「今回のことに関係するんだけど、三週間くらい前にこんなことがあって……」

深夜に突然、どおんッという轟音が響いた。

眠っていたNさんは飛び起きて、何事かと調べる。

部屋から数メートル離れた廊下に「開かずの間」の扉が落ちていた。

察するに、部屋の内側から扉が吹き飛んだような状況だった。

彼はむかしから「なにがあっても部屋に入るな」といわれていた。部屋はいま扉がない状態になっている。厭な予感がして、すぐに家をでると本邸に向かった。

報告を受けた父親は、いままで見たことがないくらい動揺していた。

翌日、神主たちがやってきて、大がかりな祈祷が行われた。

父親は家に近寄らず、Nさんにも「まだ家には絶対に近づくな」と指示した。

なにが起きているのか、まったくわからなかった。しかし、霊的なものを信じている家なので、それなりに意味があるのだろうとNさんは父親の指示に従った。

何日かして、父親が数人の男たちを呼んだ。

男たちは家のなかに入ったが、すぐに悲鳴をあげて飛びだしてきた。

Tさんが逢ったお手伝いさんが家の様子を確認しにいったところ、なかにはいる直前に玄関の前で倒れ、そのまま病院に運ばれ心不全で亡くなった。

「あれ？　なんか……話、ヤバくない？」

「ヤバい。絶対ヤバい。だからオレ……本当はお前にも家に入って欲しくない」

父親が「あの男なら大丈夫かも」と持ちかけたアイディアだった。

うまいことといってTさんを呼ぶように父親が頼んできたので、Nさんも仕方がなく電話したということらしい。Tさんは父親の「かも」の部分が気になった。

「ほら、見えてきたよ。オレ近づけないから。ここまでな」

無理するなよ、とNさんは彼を見送った。

Tさんは（すげえヤな予感……する）と家に向かって歩いていく。

Nさんの家は以前、見たときのままだった。

玄関のドアは開けたままになって、なかは真っ暗である。

その暗闇を前にして、Tさんの足が止まった。

（……いきなり、なんかいる）

暗闇のなかに人影があった。男か女かもわからないほど「黒い」。

（影……というか黒い人間みたいな）

その影がクルッと回転した。Tさんに気づいて振りかえったようだった。

「……わッ！　わわッ！」

顔を確認したワケではないが、目があった気がした。

瞬間、冷水を浴びせられたような寒気と、凄まじい恐怖に襲われた。

Tさんはきびすをかえし、Nさんと別れた方向に走った。

本邸にもどろうとしていた彼に、あっという間に追いついた。

「あれ？　大丈夫か？　どうした？」

「無理無理無理無理！　あれ無理！　超怖《こえ》え！　ヤバいどころじゃない！」

影から強い意志を感じたとNさんに話した。

これ以上、近づいたらお前も――殺す。

間違いなく殺されると、Tさんは震えあがっていた。

すぐにTさんはNさんの父親に「ボク無理ですぅ」と泣きを入れにいった。

「なんとかならんか」

「ならんですよお。めちゃ怖すぎますぅ、あれはもう悪魔ですぅ」

ため息を吐きながら、父親は頼んできた。

「せめて、幼い子どもがいるかどうかだけでも、視てきて欲しい。報酬は……」

金額を大幅にあげて頼むと、Tさんは余計に泣きながら断った。

「お金は欲しいですぅ。でも死んだらお金は使えないですよお。欲しいのにぃ」

もうあの家には近づきたくないが、お金は欲しいと何度も伝えた。

そのアピールが「お金は欲しい」から「お金だけ欲しい」に変化していく。

父親の指示により、Tさんは追いだされてしまった。

Nさんの運転する車で、駅に送られる最中も涙が止まらなかった。

「怖かった」と「お金欲しかった」を繰りかえすTさん。

その彼の横で、Nさんは安心している様子もあった。

「まあ、良かったよ。ひとの命、犠牲にしてまで栄えるなら滅べばいいんだよ」

「なんなん？　あの家、なにがおったん？　なんか閉じ込められてたとか？」

Nさんは「ホントに知らないんだ」と優しい目でTさんを見ながら笑った。

駅でTさんが激しく泣きわめき、Nさんは財布にあるだけの紙幣をくれた。

「交通費くらいにしかならんけど、ありがとう。元気でな」

すこしでもお金が手に入ったことを喜び、Tさんは帰っていったという。


取材のとき、Tさんはこんなことをいっていた。

「どんなにリッチになったとしても、命、なくなったら意味ないからな」

確かに、Tさんはその考えで難を逃れた。

いまもその決断は間違っていないと思っているが、日常で生活に困ると（やっぱりあのとき、オレやったら大丈夫やったかも）と甘い考えに浸ることもあるようだ。

Nさんとはそのとき逢ったのが最後で、現在は連絡がとれないという。

件の家もどうなったのか不明である。Nさん一家は海外に移住したと、ひとづてにTさんは聞いたが真偽のほうは定かではない。


これが以前『庚の章』に載せた「リッチリッチ」「さよならリッチ」「リッチアゲイン」という話を新たにまとめたものだ。取材した出来事の詳細を削っている部分はあるが、Tさんの人格とNさんの家での内容はわりとそのままだ。

なにが閉じ込められていたのかは、もちろん現在も不明である。

怪談社の怪談師が、この話を読んだ男性から質問をされたことがあるらしい。

「この話は財閥系の家のことではないですよね？」

わからないが、財閥というほどのものではないだろうと答えたそうだ。

彼の見解が気になり、怪談師は反対に尋ねてみた。

「あの話って結局、なんだったと思います？」

すると、いままで前例のない答えがかえってきた。

「財閥のひとたちがいまも続けている――座敷牢での信仰です」

そんな信仰があると初めて聞いたが、現在もこの件にかんしては調査中である。

呪い

ぼくが所属している怪談社という団体には、さまざまな内容のメールが届く。

怪談師になりましたという新人からの挨拶、怪異体験談の投稿、執筆依頼、イベント出演の依頼、仕事のやりとり、番組のスケジュール、質問、応援、などなど。

知人に話すと「呪いは？」と質問がかえってきた。

「呪いってメールで送れるんでしょ？　呪いはこないの？」

思わず笑って「呪いのメールって？　そういうの流行ってるの？」と訊いた。

「流行ってはいないけど、呪いのメールくるでしょ？　えっと、こんなの」

そういってスマホを操作して画面をだし、ぼくに見せてくれた。

「漢字ばっかり……あれ？　これ呪いじゃないよ。お経だよ」

「え？　お経なの？　なんでそんなの送られてくるの？」

「だれかの悪戯じゃないの？　それか、パソコンがウィルスに感染してるとか」

「ウィルス……そうかも。勝手に画面にでてくるし」

続きはどうなってるのかと、指でスライドしようとしたら画面全体が動いた。

「あれ？　これ写真じゃん。メールアプリ開いてるのかと思った」

「おれ、よくパソコンでメール打ちながらウトウト寝ちゃうんだよ。起きたら画面にそれがでてるから、パソコンの画面をスマホで撮った。寝ぼけて迷惑メールみたいなの開いちゃったって思ってるけど、迷惑メールのウィルスなのかな？」

知人のいっている意味がわからなかったので、もう一度画面をよく見た。

ずらっと並んだ漢字の羅列に、目を見開いた女性の顔がうっすらと見える。

「このパソコンの画面に反射して映っているのは奥さん？」

「ん？　ホントだ……いま初めて気づいた。映ってるね。嫁じゃないよ」

「じゃあ、だれ？」

「知らない。テレビの画面がパソコンの画面に反射したんじゃない？」

「画面ばっかりでややこしい。パソコンのそばにテレビあるの？」

知人は「ないよ」と答えたので、また意味がわからず（もういいや）と思った。

「いわれてみたら、なんか気持ち悪いな……消去しよ」

知人はそういって、その場で写真を消していた。

後日、その知人の奥さんから連絡があった。

「このあいだ旦那の部屋にいったら……パソコンの画面を見て『また呪いのメールがきてる。ほら見てよ』とかいってるんです。でもパソコン画面、真っ暗なんですよ。電源入ってないんです。旦那は真っ暗な画面、指さして『ほら、ここところの文章、怖いよね』って真剣なんです。どう思います？　ホントに呪いですかね？」

ぼくは「疲れているだけですよ……多分」と電話を切った。

歩いていた

兵庫県、尼崎市の団地に住んでいる主婦のＪ子さんは、こんな体験をした。

ある夕方、スーパーで買い物をしたあと団地にもどってきた。

駐輪所に自転車を停めて自宅のある棟に向かって歩く。

すると、だあんッという大きな音があたりに響き渡った。

音は団地中にこだましたので、どこから聞こえたのかわからない。

しばらく様子をうかがっていたが、なにもない。

ぬっと駐輪所の陰から男が現れた。

頭から血をぼたぼたと流して、よろめきながらＪ子さんのほうに歩いてくる。

「わッ、大丈夫ですかッ」

近寄ると男はその場に座り込み、指を立てると苦しそうな声をだした。

「上から……落ちました」

左足は妙な方向に曲がっており、どう見ても骨折している。

「そのままッ、動かないでくださいッ」

J子さんは食材がはいったスーパーの袋を男の横に置く。

そして棟に走り、一階に住んでいる知りあいの部屋のドアを叩いた。

「怪我してるひとがおるねん！　救急車呼んで！」

知りあいは急いで一一九番にかけた。

怪我の状態などを訊かれたが、酷いのは間違いないと伝えたようだ。

「すぐにくるって！　どこにおるん？」

J子さんは急いで知りあいを案内した。

ところがJ子さんが置いていったスーパーの袋があるだけで、男がいない。

「えッ！　動くなって言うたのに！」

慌てて探すが、どこにも姿がなかった。

J子さんが「どうしよう」と泣きそうになっているとき、救急車が団地内に現れた。知りあいが手を振って誘導すると、降りてきた救急隊員に事情を説明する。

「ショック状態で、怪我を自覚していないかもしれません」

救急隊員も一緒に男を探しはじめた。

それでも男はどこにも見当たらなかった。

他の住人も集まってきていたので、みんなで探すが見つからない。

そのうち救急隊員はJ子さんに連絡先などを訊きながら本当に見たのか、どんな男だったのかという質問をしてきた。説明していると、上の階から声が聞こえた。

「おーいッ、あそこにおるぞッ」

その住人は高いところから団地を見下ろして、男を探していたのだ。

指さしている駐輪所のほうに全員で走った。

花壇の陰になった場所で、男は倒れていた。

J子さんは目を見開いたままの顔を確認して「このひとです!」と伝えた。

救急隊員は駆けよって担架で男を搬送していく。

救急車がサイレンと共に去っていったが、J子さんはショックで動けずにいた。

男が生きているように見えなかったからだ。

スーパーの袋をとりにもどったJ子さんは不思議なことに気がついた。

まわりの地面が——綺麗すぎる。

男は頭からぼたぼたと血を流していた。血痕が残って当然だ。

それさえあれば、もっとはやくに男は見つかったはずだ。ところが、どこにもそんなものはなかった。どうなっているのか、わからない。ただひたすら妙だった。

そして後日、男のことを尋ねに刑事が家に訪れた。

「屋上から飛んだようです。遺書があったので自殺というのも確実なんですが」

男は即死だったと刑事はいった。

なぜ「歩いてきた」と救急隊員にいったのか、と何度も尋ねられた。

もしかしたらショックで記憶がおかしくなっていたのかもしれない。自分でもそう思ったが、それならスーパーの袋をなぜあそこに置いたのか、わからない。

それでも話を終わらせたかったＪ子さんは「混乱していた」と答えた。

廃団地の車

何十台もの放置車両に囲まれた廃団地があった。

治安が悪く雰囲気も不気味だったので、自然と怖いウワサが流れるようになった。

そのウワサは、放置車両の一台にゆうれいが座っている、というものだった。

ある夜、肝試しにいった若者たちが、乗っていた車で事故を起こす。

車が横転する大事故で、四人のうち三人は重傷、長い入院をすることになった。

軽傷だったひとりは、搬送されるまでのあいだ「入ってきた……車のなかに入ってきた」と意味のわからないことをつぶやき続けていたそうだ。

ただ彼らは飲酒運転をしていた。酔っていたのなら事故を起こしたのは当然で、必ずしも心霊とは結びつけられない。悪ノリした若者が痛い目にあった話だ。

ところがその後、妙なことがわかった。

廃団地はひとがいなくなる前から、車に関係する事件や事故が絶えなかった。

そこで待ちあわせをして、車のなかで薬物の売買をしていた。
車内に子どもを長時間待たせて、重度の熱中症になってしまった。
故障車が燃えあがり、騒ぎになった。
急発進した車が自転車に衝突して、団地に住む学生が亡くなった。
考えてみれば、この話を取材したのも、中古車販売店で働いている男性だった。
現在、廃団地はとり壊されて大型の中古車販売センターができている。

北陸にて

平成十四年、大阪に住んでいた怪談師の男性が体験した話である。

ある夕暮れ、彼は福井県にある心霊スポットへいくことになった。

前もって下調べをして、Mくんという友人と車で向かったそうだ。

かなり期待をしていたが、そこはあまりにもウワサと違った場所だった。実際の現場はずいぶん話と違っており、ただの廃墟という感じでまったく怖くない。

ふたりともガッカリしながら車にもどり、ため息を吐いた。

「せっかく福井まで来たんやから……別のところ、探そうか」

当時、インターネットも普及していなかったから情報は口コミしかない。

手当たり次第に、ヤンキーやコンビニ店員に話を聞いてまわった。

結果、ゆうれいがでるという廃ラブホテルの情報を得ることができた。

ウワサは次のような内容であった。

ラブホテルでオーナーの愛人だった女性が自殺した。

彼女が死んだ翌日から、ホテル全体で妙なことが起こりはじめた。

深夜に部屋のドアがノックされる。

ドアの覗き穴を見ると、おんなが恨めしそうな顔で立っている。

通路の床に点々と血が落ちている。

バスルームのシャワーが勝手に流れでて、止めにいくと鏡におんなが映っている。

フロントに、だれもいない部屋から電話がかかってきて、笑い声が聞こえてくる。

これら怪異の真偽より、ウワサが広がり廃業に追いこまれたという印象だった。

オーナーはホテルを土地ごと手放したが、現象は止むことがなかった。

一致しているのは、白い服のおんなが現れることだ。

結局、最後に買いとった業者が建物を解体してホテルを建てなおすことになった。

解体が終わり、新しい建物の工事に入っても、おんなの目撃は絶えず、工事自体を途中で止めることになった。ウワサを教えてくれたひとたちがいうには、

「あそこは相当の数のひとたちが、そのおんなを視ている」「建物の上の、足場もないところからおんなが立ってこちらを見ていた」「先輩は車で逃げたけど追いかけられた」「コンビニに助けを求めて飛びこんできたひとたちもいた」

怪談師とMくんは実際に現場まで検証しにいくことに決めた。

最後に道を尋ねたコンビニから、車で十五分ほどでその場所についた。

山の麓で周囲はかなり暗い。

肝試しなどにきているひとはいない。聞いたとおり施工中のホテルで、放置されずいぶん経っているようだった。鉄骨が剥《む》きだしになり、周囲は民家などもない。

前日に雨が降ったのだろう、水たまりだらけで地面はぬかるんでいる。

歩くと、ぐちゅぐちゅと厭な音がした。

骨組みの建物に近づいたとき、Mくんが声をあげて上空を指さした。

「なんですかね、あれ」

ひらひらと揺れながら、落ちてきたのは真っ白い布だった。

それはベッドのシーツにも見えるが、建物は工事中のままなので、ベッドなどあるはずもない。布はふたりの目の前に落ちると、水たまりの水分をゆっくり吸っていった。

「これは……どこから落ちてきたんや？」

よく見ると、建物まではまだ距離があるし、まわりにはなにもない。

まっすぐに落ちてきたその布をふたりで見つめたあと、

「いかんほうが、ええかもな」

そういって車にもどっていったという。

いまも建物があるのか。まだウワサは健在なのか。

ご存知のかたは連絡が欲しいそうである。

こんな話を『己の章』に掲載したが、発売したあと反応も情報もなかった。ずいぶん前の話なので、工事中のホテルはとり壊されてしまったのだろう。情報が途絶え、この話も多くの怪談と同じように闇に消えてしまった。


関連するかどうかはわからないが、二年ほど前にこんな体験談が届いた。

出張で福井県にいった男性の話である。

彼は十日ほど片町という繁華街のホテルに滞在していた。仕事は夕方までだったので、終わってからやることがなかった。退屈で仕方がないが支店の仲間たちは下戸ばかりで呑みにも誘えない。ひとりで夜の街を開拓するしかなかった。

二日目に感じのいいスナックを見つけて、そのまま滞在中は毎晩通っていた。

最終日の前日、スナックが休みだったのでホステスの子とふたりで呑みにいった。

下心はなかったが、それが逆によかったらしく、彼女のほうからラブホテルに誘ってくれた。古いホテルで、それこそゆうれいがでそうな雰囲気だったが、特になにもなく、ふたりで楽しんだ。

　朝になって、彼女を車で送っているとき「あのホテルってさ、ちょっと怖かったよね」と男性がいうと、ホステスの子が「あんなの怖くないよ」とかえしてきた。

「むかし、泊まったホテルで変なことあったよ。すっごい怖かった」

　そういう話が好きだった男性は興味津々で「どんな？」と彼女に訊いた。

「寝てたらバサバサって音がして。電気つけたら、細長くなった白い布みたいなのが部屋の天井あたり、ぐるぐる飛びまわっていて。彼氏、起こして大変だったわ」

「ふええ……それでどうしたの？」

「彼氏がベッドの上に立ってジャンプして布を捕まえたの。でもシーツだった」

「シーツってなんのシーツ？」

「私たちが寝てたベッドに敷いてあったやつ。ああいうシーツってきっちり敷かれてるじゃん。私たち上で寝てたんだよ。いつの間にかとれて、飛びまわってたの」

　男性は「やっぱ、そういうことって本当にあるんだ」と驚いた。

「そこのラブホテルね、一度つぶれて建て直したらしいんだけど、前のホテルでもそういう怖い話がいっぱいあったんだって。他に変なウワサもいっぱいあったし」

「ウワサってなに？」

「ゆうれいがでる理由。オーナーの愛人がホテルの部屋で首吊って自殺したとか。病んだオーナーが奥さんと子どもを殺したとか。どっちが本当かわからないけど」

「どっちだろうね、そのウワサ」

男性が訊くと「……どっちも本当だったりしてね」とホステスの子は答えた。

ガジュマル

Y美さんは観葉植物のコーナーでガジュマルを買った。

飾るにはすこし大きめだったが、可愛い姿にひと目惚れしたのだ。

深夜、そのガジュマルが話しかけてくることがあるという。

なにをいっているのかは、まったく聞きとれない。

ひとの言葉ではないが、確実に声をだしているそうだ。

「録音してみたら？　なんていってるのか、わかるかもよ」

友人にいわれてスマホで何度か試したが、変なノイズが録れるだけらしい。

ただ、ガジュマルを飾ってから、ささいではあるけど、ちょっとした良いことが続いているらしいので、ぼくもこの原稿を書いたあと買いにいこうと思う。

地蔵

Cさんという年配のかたの話である。

奥さんが商店街のくじで海外旅行を当てた。この歳での国外は疲れると、ふたりで考えた末、チケットを売って二泊の四国温泉旅行に変更したそうだ。

その旅行先での話である。

旅館に到着してCさんが一服していると、奥さんは窓から山々を見て、

「都会と違いますね。空気が美味しいような気がします」

当初はのり気でなかったCさんも、嬉しそうな奥さんを微笑ましく思った。

思えば旅行など何十年ぶりりである。

（もしかしたら、これがふたりの最後の旅行になるかもしれない――）

Cさんは妙に感慨深くなってしまった。

旅行のあいだ奥さんのいうとおりに動き、わがままをきいてやろうと思った。

「あれ？　地図ではこっちの方角と書かれているんですけどね」

翌日の朝、Cさんが奥さんに「どこにいきたいか、決めてもいいよ」といって観光にいくことになった。奥さんは旅館の近くの森林を目的地にして歩きだしたが迷ってしまい、同じ林道をぐるぐるとまわっていた。

「おかしいわね。地図には載っているのに道がないわ」

(おかしいもなにも、お前、地図なんか読んだことあるの?)

Cさんは感慨深さからの決心を忘れて、ちょっとイライラしていた。

普段、運動をしていなかったせいで息はあがってしまい、お昼になってもいないのにすでに疲れていた。決めていいといった手前、怒ることもできない。

Cさんが「ちょ、ちょっと、休憩をしよう」と石に腰かける。

奥さんは横に座り地図に向かって、ぶつぶつなにかいっていた。

Cさんは(心臓が丈夫でよかった)と前方に目をやった。

すぐ目の前に、何体かの地蔵が並んでいる。

どの地蔵も顔から胴体まで同じように造られている、立派なものだった。

(お地蔵さん、この妻が私を歩かせます。どうか助けてください)

目をつぶって祈った。

「もどって左手に曲がればいい」

「ああ、そうね。左ね。道をここで間違えたんだわ」

奥さんは地図を指さしながら立ちあがった。

「さすがね、最初からあなたに地図を渡せばよかったわ」

「……いまの、ワシの声じゃないぞ」

まわりを見渡したが他にはだれもいない。

Cさんたちと地蔵たちがいるだけだった。


「妻はありがたい声を聞いたと喜んでましたが、困ったことに、あれから」

毎年旅行にいってますよ、とCさんは苦笑いをした。

ちなみに、旅館にもどってから、奥さんは女将に「道に迷ったらお地蔵さんが助けてくれたんですよ」と声のことをいった。女将は首をかしげ、眉をひそめた。

「このあたりにそんな地蔵は……ないはずですけど」

床下の井戸

岐阜県に住んでいるAさんから数年前に聞いた話である。

Aさんの実家には「開かずの間」があった。

むかしは普通に入れた部屋で、亡くなった曽《ひい》おばあさんが使っていたらしい。

曽おばあさんが亡くなってから、その部屋で眠ると金縛りにあい、影のようなものを視たりしたそうだ。すこし入るだけでも気分や体調が悪くなることもあったので、おじいさんが扉を閉めて「開かずの間」にした。

怪談奇談の類が好きだったAさんは、ある怪談師に実家のことを話した。

怪談師は床下を調べてみるようにと助言した。

フタを閉じた井戸が放置されているかもしれない、そこからガスがでていることがある、フタのあいだから漏れたガスが部屋に昇ってきて身体にさまざまな影響を与えているかも、と教えた。

現実的すぎる助言だったが、Aさんは指示に従って開かずの間の床下を調べた。

畳と床板をめくると、本当に井戸が部屋の真下で見つかった。

床板を開けた途端、吐き気を催すようなニオイが広がる。

いままでの奇怪な出来事の原因はこれだったんだと、Aさんは確信した。


工務店に連絡をすると、専門の業者を紹介してもらうことになった。

井戸には神さまがいるらしく、埋め立ての前には儀式をするものらしい。

近くの神主を呼んで、儀式を終わらせ、埋め立て作業の準備に入った。

これで問題は解決だ、使用できなかった部屋がひとつ使えるようになったとAさんもAさんの家族も喜んだ。

埋め立て前の儀式が終わり、汚水となってしまった井戸の水をポンプで汲みあげていく。

空にした井戸から、妙なものが大量に発見された。

大量の位牌だった。

すべて腐っていたが、なかには字がまだ読めるものもある。

これにはさすがに業者もAさんも震えあがった。ほとんど分解しているものもあったが、数えてみると五十以上もあった。それらの位牌は、いままでずっと井戸に沈んでいたことになるのだ。

気味悪がった業者は、工事を止めるか否かを聞いてきた。

Aさんは考えて、埋め立てを続行するように頼んだ。

これがAさんの家が、原因不明の火事で全焼する前日の出来事である。

人形と遊んだ

どういうことなのか、辻褄があわない話である。

福岡県で旦那とふたりで暮らしているE子さんの体験だ。彼女は六十歳で旦那はふたつ年上。長いあいだ同じ集合住宅に住んでいた。もちろん、すでに定年を迎えているので日々のんびりと過ごしていた。

ある夕方、居間でE子さんがテレビを観ていた。

すると旦那がやってきて、彼女の後ろで立ち尽くしている。

「どした？　そろそろご飯食べる？」

「え？　ああ、そうやな」

どことなく上の空で、タンスをじっと見つめていた。

「……うん。ちゃんと、ここにあるのう」

「なにがやの？」

E子さんが訊くと、旦那はタンスの上、ガラスケースに入った人形を指さした。

「お人形さん？　いつもそこにあるやないの」

「それがのう……今日の昼間、どっか行ってたんや」

「昼間？　どういうこと」

「お前、用事で出掛けてたやろ。そのとき人形がなかったっちゃ」

確かにE子さんは昼間、町内会のみんなに逢いにいっていた。

E子さんはガラスケースの横にバッグを置くようにしていたので、人形がなくなっていたら気づくはずだ。実際、いまもガラスケースのなかに人形はある。

「あんた、大丈夫か？　まさか認知症と違うやろな」

旦那は鼻で笑うと「まだボケとらん」と頭を振り、E子さんの向かいに座った。

しばらくすると、インターホンが鳴った。

「こんな時間にだれや？　回覧板かな」

E子さんが立ちあがり「はーい。どなたー？」と玄関ドアを開ける。

同じ棟に住むOくんとその母親だった。

「あらー、どうしたの？」

E子さんはにっこり笑って彼の頭をなでた。

Oくんは四歳の男の子だった。子どものいないE子さんたちは、よく公園で遊んであげたりお菓子や玩具を買ってあげたりして、彼を可愛がっていた。

「おばちゃん、これ」

Oくんは丸めた画用紙を両手でE子さんに渡してきた。広げると赤いクレヨンで描かれた絵だった。線ばかりで、なにを描いたのかさっぱりわからなかったが、

「これ、くれるの？　すごい上手やねえ。描いてくれたん？」

大喜びしかけたとき、Oくんの母親が「違うんです」とE子さんにいった。

「すみません、この子が描いたんじゃないんです」

「うん、おばちゃん。ボクが描いたんじゃないっちゃ」

母親はすこしこまった様子で「実は……」と続けた。

「Oくんが、ここにおるおんなの子と一緒に描いたって言うんです」

なにかの間違いだろうとE子さんは「ウチに子ども、おらんよ」と手を振った。

「はい……なんというか、その、この子が言うには……」

「……お人形さんよ。おばちゃんところのお人形さんと一緒に描いたんよ」


午後三時あたり、母親はひとりで遊ぶOくんの様子を見に部屋へいこうとした。

居間から廊下にでたとき、子ども部屋から、素早い動きの影のようなものが玄関のほうに向かって移動するのを目撃した。驚いてOくんのところにいって「いま、なんか、ここ

から出んかった?」と母親は訊いた。

「おばちゃんところのお人形さんよ。一緒に絵、描いとったけん」

「お人形さんて何ね?」

「お人形さんよ。お人形さんと一緒に……あ! あの子、持って帰るの忘れとる。届けてあげよう、いまはおばちゃん留守やけ、あとでママも一緒についてきてよ」

母親はOくんの妄想かと思ったが、さっき妙な影を目にしている。

「おばちゃんところのお人形さんって、どんな?」

「おんなの子で、服はグレープ色で、笑ってて……あ、まだそこにおるとよ」

Oくんは子ども部屋の入口、母親の後ろを指さした。

反射的に振りかえると、顔を半分だけだした市松人形がこちらを覗いていた。


「私が悲鳴をあげたら隠れたんです。そのあとも探しましたが見つからなくて」

E子さんは驚いたが、確かに飾られてある人形はおんなの子で紫色の着物だ。

しかしOくんも母親もこの家に入ったことはない。なぜ知っているのか。

タンスの上に飾っていることを伝えると、母親は青ざめながらも頼んできた。

「もし良かったらOくんと一緒に、見せて頂いてもよろしいでしょうか」

E子さんはふたりを家にあげて、人形の前に案内した。

母親がガラスケースのなかの人形を見ながらつぶやく。

「数秒だけしか顔を見ていませんが、この人形だったと思います」

話をずっと横で聞いていたE子さんの旦那が口を開いた。

「だから昼間、人形おらんかったのか」

「え？　なかったんですか？」

「うん。さっきその話、しとったとよ。ガラスケース、空になっとった」

E子さんは「そんなバカな話、ありえんよ」と苦笑いを浮かべた。

それにはなにも答えず、旦那は目を細めて「……ん？」と人形に顔をよせる。

「これ……手のところ、なんか汚れとらんか」

人形の手、指の部分が赤く染まっている。

「……もしかしてクレヨン？」

E子さんも旦那も母親も、真っ青になった。

しかし、Oくんは首を振りながら「違うっちゃ」と壁の高いところを指さした。

「このお人形さんやない、あのお人形さんよ」

全員がその方向を見上げて息を呑んだ。

そこには、幼いころに亡くなったE子さんの娘の遺影が飾られていた。

もうひとりいる

ひとむかし前、大阪市内に住むK野さんの話だ。

彼はあるデパートに警備員として配属されていた。広い大型のデパートだったので、多いときには四人、すくなくともふたりの人間が常に配置されていた。

ある週末の夜勤、三人の警備員が出勤して「こなかった」。

なにかあったのかと警備室から会社に連絡をするがつながらず、携帯で三人にかけたがだれも電話にでない。折りかえしを待ったが、なしのつぶてである。

仕方がないので、その夜はK野さんひとりで仕事をこなす覚悟を決めた。


巡回する時間になったので、K野さんはセンサーを切った。

アラームが鳴って不法侵入の連絡が自動で本部にいくことになるからだ。

一階の警備室がある西館から東館に移動して、各階を順繰りに見廻っていく。

担当は西館だけで、東館は初めてだった。

どの店のなにをチェックするのか、どこがセンサーの死角になっているのか、さっぱりわからず、戸惑いながらもチェックしていった。

歩きながら、なぜ他の三人は連絡がないのだろうとも考えていた。

前にシフトが間違っていたことがあったので、それかもしれないと思った。警備室を離れているあいだに連絡があるかもしれないので、巡回を急ぐことにした。

K野さんは東館の中央の階にさしかかった。

子ども服売り場の通路を巡回していると「ふふっ」と笑い声が聞こえた。

光をあてると、店舗の試着室から、こちらを覗く男の子の顔が見えた。

試着室のカーテンに躰を巻いて頭だけをだしている。

「な、なにしてる！」

大声をだして威嚇すると、男の子は無表情のまま真上に浮かびあがった。

天井に頭がつきそうなほど高くあがり、首に巻かれたカーテンが引っぱられて大きく広がる。同時に「キエエエッ！」という叫び声があらぬ方向から聞こえてきた。

K野さんは悲鳴をあげて、床に尻持ちをついた。

男の子は天井付近で揺れていたが、そのうちに頭だけがぼとりッと落ちた。

「わああッ！」

躰はまだ布が巻きついていたので、浮かんだままである。

床に落ちた頭はじっとK野さんを見ていた。

「だ、だ、だれかッ！」

ずるりッ、とカーテンがレールに引っぱられて、首の下、躰があらわになった。

その躰は一本の鉄棒があるだけだった。また新たな悲鳴が漏れそうになったが、よく見ると鉄棒にガムテープが縛りつけられて、そこからもう一本の長い棒が試着室から伸びていた。

「え？　え？　え？」

試着室からふたり、物影に隠れていたひとりが大笑いしながらでてきた。

「大成功だ！　イエーイ！」

三人の警備員は実は出勤しており、彼を驚かそうと身をひそめていたのだ。

彼らならセンサーはどこにあるか熟知しているし、巡回の時間もわかっている。欺くのは容易なことだった。大爆笑している三人の前でK野さんは崩れ落ちた。

「ごめん！　このあいだ誕生日だったし、なにかしようって話になってさ」

怒る気も失せるほど腰を抜かしたK野さんは、三人にささえられて歩いていた。

悔しかったが「いつか絶対やってやるからな、チクショウ。覚えてろよ」と苦笑いして強がるしかなかった。

警備室に到着すると三人は監視カメラの映像を停止して、テープを巻きもどしはじめた。彼ら三人はセンサーが反応しない場所に隠れていたが、それでも監視カメラには映ってしまう。職場で遊んだことがバレると処分を受けてしまうので、証拠を隠滅しようとしたのだ。

「なんだよ、カメラには映ってたのかよ」

なにか異常がない限り、監視カメラの映像など意識しない。

K野さんはモニターの前に座っていたのに、堂々と映る三人にまったく気づかなかった。どうせ数日保存したあと、映像は消去される。いま消しても、よっぽどのことがない限りバレることはない。

せっかくのドッキリだから一度、観てみようということになった。

巻きもどしを止めて再生すると暗視カメラ特有の、緑の画面が現れる。そこには非常口から子ども服売り場に移動する彼らの姿が映っていた。隠れる場所を探している三人の手には、鉄棒やガムテープ、子どもの人形の頭部を持っている。

「なんだか、ただの窃盗団みたいだな」

ダイレクトに映っているのに、気づかなかったK野さんは自分にも呆れ果てた。

映像には子ども服売り場に入り、子どもの頭部を試着室のカーテンに巻きつけている三人の地味な努力が映っていた。

「オレらこのとき、なんか急いでたんだよな、ははっ」

「いまにもK野がきそうな気配がしていたからな。急げ急げって」

思いだして三人はまた笑いだした。

しばらくすると、K野さんが歩いてくるのが映った。ふたりは子どもの頭のついた鉄棒を持って試着室に、もうひとりは声で驚かすため棚の影にすばやく隠れた。

「くるぞ、くるぞ」

「ここだ、ここだよ、ほら」

頭が試着室から現れて浮かび、K野さんが大口で絶叫している姿が映った。

「ぎゃははははッ」

三人は腹を抱えて笑ったが、K野さんも自身の姿に爆笑してしまった。

「めちゃくちゃ面白いなこの映像！　もう！　声もあればもっといいのに！」

監視カメラは映像を録画することはできても、音声は無理なタイプだった。

「ちょっと待て……これ、だれだ？　もうひとりいるぞ」

K野さんが画面を指さした。

画面には腰を抜かしたK野さんの前で、三人が大笑いしている姿が映っている。

その後ろから――ゆっくりと近づいてくる足が映りこんでいた。

画面を見ていた全員の笑いが止まった。

ハイヒールを履いた足だった。画面のなかの彼らはその存在にまったく気づいていない。

足は三人の真後ろまできて歩みを止めた。髪の長い面長の顔、黒い服にスカートの女だった。

三人は腰を抜かしたK野さんを起こして、画面から消える。

おんなは微動だにせず、四人が去っていったほうを見つめていた。

警備室で四人は「なんだよ、このおんな。だれだよ！」と大騒ぎになった。

早送りすると映像が消えるまで、おんなは映ったままだった。

慌てて録画映像を消して、いま現在の子ども服売り場を映す。

おんなの立っていた場所にはだれもいない。

確か警備室に帰ってきて、すぐに録画ボタンを停めた。

おんなは四人が警備室に帰ってくるまで、暗闇でじっと立っていたことになる。

ひとりに「いまは？　どこにいるんだ？」といわれてセンサーをつけた。

動いているものがあればセンサーが感知するハズだが、なんの反応もない。

「でていったか……まだどこかでじっとしているか」

まったくその存在に気づかなかったことからも——人間と思えない。

とてもじゃないが捜す気にはなれない。

K野さんたちは黙って監視カメラの映像を消去した。

「おい……鉄棒は?」

三人のひとりがつぶやいた。

「鉄棒、子ども服売り場に忘れてきてる……」

それはかなり不味いことだった。

そのまま置いておくと、出勤してきた社員や店員に見つかってしまう。遊んでいたことがバレると必ず処分を受けるだろう。朝になる前にとりにいかなければならない。だれが鉄棒をとりにいくか、いい争いになった。

「どっちにしても時間になったら、だれかが巡回しなきゃダメなんだから、まず先に鉄棒をとりにいこう。巡回している録画はできるだけ残したほうがいいし」

結局、ドッキリを仕掛けた三人でとりにいくことになった。

K野さんは警備室に残って、監視カメラで見張ることになった。

「なにかあったら、すぐに知らせるから」

しばらくすると、子ども服売り場のカメラに三人が映った。

同時に店の奥からおんなが現れた。

三人のうち、ふたりはその方向を向いているがまったく気づいていない。

まるで視えていないようだった。

K野さんは三人に知らせるため、慌てて館内放送のマイクを入れた。

「おんな、奥からきてます、店の奥です。向かってきてます。いますぐに逃げてください。あと、さっきと違って足を動かさず向かってきます。ゆうれいです」

三人はすぐに警備室に向かって走りだした。

画面を見ると、おんなが動きを止めてカメラを見上げていた。

カフェタイム

ちょっと目を離した隙に、孫が死んだ祖父がいる棺のなかに珈琲を流し込んだ。

その場にいたみんな「あっ！」と驚き、慌てて棺を覗き込む。

せっかく綺麗に死化粧を施された顔は珈琲まみれ。死を理解していない孫はまだ一歳半だ。手を叩いて嬉しそうに笑っていた。祖父は珈琲が大好きだったので、飲ましてあげたかったのかもしれない。

家族も怒るに怒れず、孫から目を離したことを悔やみながら祖父の顔を拭いた。

祖父は口を開いて「はあああ」と声をだした。

その場にいたみんな「わっ！」と驚き、慌てて棺から離れる。

祖父は上半身を起こすと、両方の鼻孔に入れられた詰め物をとった。

息を拭きかえしたのだ。

祖父の話によると、ただ真っ暗な道を歩き続けていたそうだ。

何時間も歩いていたが疲れはまったくない。

ただ歩くばかりじゃ退屈なので「……珈琲飲みたい」と口にだしていった。

するとバケツで水をかけるように、ばしゃッと大量の珈琲が降ってきた。驚き慌てると、目が覚めて顔を拭かれているところだったという。

祖父はそれから九年も生きた。

葬儀でだれかが「珈琲、またかけるか？」というと、笑いが起きたそうだ。

真夜中の少女

かなり最近の話である。

Mさんは深夜二時に目を覚ました。

彼は不規則な生活をしている男だが、締め切りさえ守ればいい仕事である。

寝たのは夕方だったので睡眠時間は充分だったが、ひとつ問題があった。

緊急事態宣言が頻繁に発令されて、夜になると食事をするところがないのだ。

タイミング悪くコロナ禍に入る寸前に引っ越してしまい、しかも新居が住宅ばかりの地区でそもそも店がすくなく、流行《はや》りの出前アプリも役に立たない。Mさんは自炊もできないので、いつも家の近くのコンビニで弁当かパン、インスタントラーメンを買って日々をしのいでいた。

その生活もすでに一年以上続いているので、さすがに飽きていた。

(いい加減になんとかしないと不健康だよなあ)

二十四時間スーパーが近くにあればと思ったが、どうしようもない。

すこし遠めだが、せめて違うコンビニにいこうと、自転車の鍵を持って外にでた。

深夜の風を浴びながら、自転車をこぐ。
つい最近まで寒かったのに、ちょうどいい気温になっていた。
(そういえば引っ越してから、ぜんぜん遠出してなかったな)
信号に差しかかると、車の通行がないのにもかかわらず信号を守り、地図アプリを見て
コンビニの位置を確かめ、鼻歌交じりで流れる景色を楽しんでいた。
住宅街を通過しているとき、ふと目の端になにか映った。
(ん?　いまのなんだ?)
Uターンして通りすぎた横道を見ると、電柱の側に少女がしゃがんでいた。
ヒザを抱えて顔を伏せているが、艶のある長い髪でパーカーを羽織っていた。
こんな深夜になにをしているのか、Mさんは少女のことが気になった。
電柱がある側は塀ばかりだが反対側、少女の前は綺麗な戸建てが並んでいる。
(家に入れない?　それとも追いだされた?)
見た目と違って、もっと若いかもしれないとMさんは思った。
もし子どもなら、なんだか可哀そうだ。
だが深夜、電柱のしたで座っている少女に声をかけるのも気が引ける。
とりあえず近づいて前を通ってみようと、自転車のハンドルを切った。

少女のすぐ前の家も並んでいる家々も、電気が消えている。

こんな時間だから当然といえば当然だが、だからこそ彼女が気の毒だった。

自転車を進めて少女まで、あと三メートルというとき。

タイヤの音が聞こえたのか、少女は顔をあげてMさんのほうを見た。

だらりと口を開け、ヨダレを垂らした老婆だった。

白目が確認できない真っ黒な目がMさんを捕える。

老婆は息を吸うと、前方の家に顔を向けて、張り裂けんばかりの大声をだした。

「日本人はッ！　いつも情報弱者を装って、世界を見殺しにしている！　今日も私は警察署でアジアの危険を主張してきた！　ずっと！　もう何年ものあいだ、ずっとだ！　手を差し伸べなければならない〇〇〇〇人の虐殺のことも結局ッ！　私のいった通りになった！　それにもかかわらずコロナウィルスが霊になっても！　救済は認められない！　認識している常識の枠はもうすでに破られているッッ！」

驚きのあまりMさんは体勢を崩し、自転車で倒れそうになった。

そして（ヤバい、変なひとだった！）と急いで、その場を逃げだした。

Mさんと同じように驚き目を覚ましたのだろう、家々に明かりがついていく。

よく息が続くなと思うほど、老婆は主張を叫び続けていた。

町内にこだました声は、ずいぶん離れるまで聞こえ続けていた。

それから数日が経った昼間のこと。
買い物の帰りのMさんが散歩がてら歩いていると、あの老婆がいた場所の近くにでた。
特に理由はなかったが、あそこの道を通ってみようと足を向けた。
明るい時間は普通の住宅街なので怖くもなんともなかった。
(でも、あれは超びっくりしたなあ)
Mさんはあのあと、彼女が人間だったのか？　などとまで疑問に思ってしまった。
少女と思ったら老婆という圧倒的なギャップだったのだから、無理はない。
老婆がいた電柱のある通りにくると、布団が干された家々が並んでいる。
ちょうど電柱の前の家の奥さんだろうか、女性がホウキを持って掃除をしていた。
目があったので、なんとなく「あの」と声をかけてみた。
このご時世、マスクのせいもあり、女性は一歩引いて「はい？」と答える。
「このあいだ夜、すごく騒いでいるひといませんでしたか。ここに」
女性は「そうなんですよお」と眉をひそめた。
「夜の三時前くらいでしょ？　この数年、ずっとあんなことがあるんです」

その度に警察に連絡して騒ぎになるらしい。

あの夜もすぐ通報したが、老婆は警察官がくるまで大声をだし続けていたという。

「もしかして、あのお婆ちゃん、近くに住んでいる変なひとなんですか?」

この家が目をつけられていて、嫌がらせにきているのだとMさんは思った。

「いえ、このあいだのお婆ちゃんですよね。初めて見ました。遠くのかたでしたよ」

「初めて? あのお婆ちゃんですか?」

「はい。あとで家族が謝りにきました。お婆ちゃん、認知症で徘徊する癖があるらしくて。調子が良くなかったみたいです。あ、そうそう、確か市外のひとでした」

「でも、さっきこの数年ずっとっていいませんでした?」

話がわからずMさんはすこし混乱した。

「はい、この数年ずっとです。そこの電柱に変なひとがくるんです」

「え? 毎回、違うひとがくるんですか?」

「そうなんですよ。必ずそこの電柱から、この家にむけて怒鳴ってるんです」

女性はため息を吐きながら、いままできたひとたちのことを話した。

頭に包帯を巻いた老人、パジャマの老婆、半裸の男性、手首が傷だらけの女性——。

なんらかの精神疾患を持つひとばかりで、なぜか何時間か電柱の傍《そば》に座り込んでから、突然スイッチが入ったように意味のわからない主張を叫びだす。

叫ぶ内容にはたいてい他国の問題や政治のことが入っているそうだ。

「警察もなんでここばかりに集まるのか不思議がっていました。いちおうパトロールの順路にしてくれているらしいですけど、数カ月に一度あるんですよね」

「もう何人くらいきたんですか？」

「わからないですよ。とっくに十人は超えていると思いますけど」

なんだこの話は、とMさんは目を丸くした。

「東北からこられたかたもいましたよ。わざわざこの場所。その電柱に」

「なんですか、それ？　どういうことなんでしょう」

「さあ……その塀の向こうの家のせいだと、みんなウワサしてます」

女性は塀のほうを見て、声をひそめて続けた。

「前にあった家の庭に、やしろ？　神社？　そういうの、あったみたいです」

「祠ですか？　むかしは庭にそういうのがある家もありましたね」

「そう、祠。それが家ごと、とり壊されてから変なひとがくるようになったんです」

塀の向こうには新築の、近代的で綺麗な家が建っていた。

「ものすごく気持ち悪いし、近所のひとたちも、ものすごく迷惑しています。ウチの亭主なんか『お前、今度あそこの家にいってさ、お祓いして欲しいって頼んできてくれ』とか私にいってくるんです。普段からなんのつきあいもないのに……」

そんなの普通は頼めませんよね、また女性はため息を吐いた。

鳥居の道

必ず場所は伏せるという条件で、Nさんから聞かせてもらった話である。
彼が小学生のころ、街に変わった道があった。
山に沿った側道で、数十メートルほどのあいだに鳥居が何本も連なっている道だ。
そこで走ると面白いことが起こるというウワサがあった。
ただ走るのではなく、ちょっとしたルールがある。
まずひとりだけ入り口（どちらが入り口か出口かは勝手に決めていい）に立つ。
あとの全員は出口にいる。
出口から合図を送ったら、入り口のひとりは出口に向かって全力で走る。
途中、走る者が分裂するが、出口に到着するころにはひとりにもどっている。
その後、走った者は運気があがって大金持ちになる——というウワサだった。
こんな話をNさんは信じていなかったが、実際に試したことがあるらしい。
ことの経緯はこういうことだ。
ある放課後の帰り道、友人が話しかけてきた。

「ウチ、お金がないから引っ越すことになったんだ。最悪だよ」

親が事業に失敗したらしく、明日引っ越すことが決まったという。

仲の良い友人だったのでNさんは悲しくなった。

だが彼に落ち込んでいる様子はなく、こんなことをいってきた。

「オレがなんとかしなきゃと思うから、ちょっと手伝ってくれよ」

なんとかするって、どうするの？　とNさんが尋ねる。

「あの鳥居で運気をあげて、引っ越しを中止させるんだ。だから、お願い。あとでちょっと鳥居の道にきて欲しいんだけど」

Nさんは塾があったのでその後ならいいと、友人の頼みを了承した。

「わかった、七時ごろね。オレ、先にいって待っているから」

そういってその場は別れた。

塾が終わり、すっかり暗くなっていた。

Nさんが自転車で鳥居の道にいくと、友人が待っていた。

「じゃあ、オレ向こう側にいくから、手ぇ挙げてね。そしたら思いっきり走る」

そういって鳥居の向こう側に進んでいった。

街灯はあったが、鳥居の柱のせいで明るくはなく、ところどころ影になっている。

こんななかをひとりで走るのはちょっと怖そうだな、とNさんは思った。

向こう側についた友人は構えをとって、走る準備をしている。

数秒、間を置いてからNさんは手を挙げた。

友人はそれを見て、全力で走りだした。

数十メートルなので、そこまでの時間はかからない。

あっという間に友人はNさんのもとに到着した。

「はあ、はあ、はあ……どうだった？」

いわれてNさんは困った。

特になにも起こらず、ただ走ってこちらにきただけだからだ。

「分裂した？　オレ、分裂しなかった？」

かぶりを振ると「くそ、じゃあ、もういっかい」と友人は出口のほうへ歩きだした。彼は向こう側につくと再び構えをとった。Nさんもまた手を挙げて合図する。

さっきと同じく、普通に走ってきただけだった。

友人は「ど、どうだった？」と息を切らせて、また訊いてきた。

「はあ、はあ、またダメか。よし！　ラスト、もういっかいだけ」

出口に向かう背中を見ながら、Nさんはため息を吐いた。

こんなこと何回やってもムダだと思ったのだ。

友人が「よし、本気でいく！」と叫んで三度目の構えをとった。

なんともいえない気持ちで、Nさんは手を大きく挙げた。

全力で走ってくる彼のことを凝視する。もしかしたら、走っているひとが分裂するのは、ほんの一瞬だけかもしれない。それを見逃さないようにしたのだ。

鳥居の道の中間あたりまできたとき、友人がいなくなった。

まるで紙芝居の絵のように、しゅッと横にずれて、鳥居の柱の影に消えたのだ。

だれもいない鳥居の道を前に、Nさんは唖然とした。

いったいなにが起こったのかわからない。完全に姿がなくなっている。

数秒すると、友人が消えた反対側の柱から、しゅッと友人が現れた。

ゆっくりと速度をゆるめて、Nさんの前に到着する。

友人はにっこりと微笑みながら口を開いた。

「こんばんは」


気がつくと自転車で走り、自宅の前にたどりついていた。

なぜか震えが止まらず、真っ青だった。

それを見た母親が額に手をあて「熱があるじゃない」と騒いだ。そのまま布団に寝かされ、数日のあいだ学校を休むことになった。熱にうなされながら、何度も怖い夢を見てしまった。

回復したNさんは登校するとき、いろいろ考えた。

熱をだして見た夢と現実が混ざっているようにも思えた。

ただ、実際に友人は転校していなくなっていた。他のクラスメイトたちは口をそろえて「なんか……最後の日、あいつ別人みたいだった」といっていたそうだ。

思いやり

三人兄弟のSさんが小学生のときの話である。
冬の朝、Sさんは母親に「三人で食べるパン買ってきて」と頼まれた。
渡されたのは二百円。どのパンにするか考えつつ、白い息を吐きながら走った。
ちいさなアンパンが七つ入ったものを選んだ。
これならみんな好きだろうと思ったのだ。
帰ってくると、寝ていた兄も妹も起きており、映りの悪いテレビを観ていた。
Sさんは鼻を真っ赤にしながら「買うてきたで、パン」と兄に渡した。袋を開けた兄は
「七個やから一個あまるけど、ふたつずつな」とちゃぶ台の真ん中に置いた。
テレビでは、暖かい南国の楽しいお祭りを映した明るいトピックが流れている。
Sさんはかじかむ手を震わせ、パンを食べながらそれを観ていた。
海の向こうの国、暖かい場所、楽しいお祭り。すべて現実感のないものだった。
突然、ぱんッと後頭部をはたかれ「痛っ」とSさんはビックリした。
「あほか。お前、もうふたつ食べたやろうが」

テレビに意識がいき、気がつかぬうちに三つ目のパンに手を伸ばしていたのだ。
Sさんは「あ、ホンマや。ごめん」と顔を赤らめてパンをもどした。
この家庭では兄が弟に暴力を振るうのは日常風景だった。
だからこそ叩かれたSさんは痛みより、自分のミスのほうが恥ずかしいと思った。
ところが突然、母親が兄の胸ぐらを掴み、手のひらで顔を強くビンタした。
ばちんッと、すごい音がして兄も驚きふためいた。
Sさんも、まだ幼い妹も息を呑んだ。母親は泣いていたのだ。
「なんでもっと優しくできへんのッ、寒いなか買ってきてくれたのに！」
兄が無慈悲に弟を叩いたこと――それが流した涙の理由ではなかった。
貧しい生活のなか、思いやりを持たないことがあたり前になっていた。
母親はそれが悲しかったのだろう。
父親が暴れるのはいつものことだった。兄が弟を殴るのも普通のことだった。
だが、母親が兄に手をだしたのはこれが初めてだった。
それから何十年も過ぎたが、兄はそのときの出来事の夢をよく見るそうだ。
よっぽどインパクトが強かったのだろう。

脳にあのビンタの音が響き、目を覚ます。
子どもとはいえ、自分の酷い行為の数々を思いだし、いまも苦しんでいる。
つらいことだが、それは不思議でもなんでもない。
こころの痛み、良心の呵責《かしゃく》のようなものだろう。
不思議なのはその夢で目覚めたとき、兄の妻と子どもがこんなことをいうらしい。
「ばちんッて音がした。いつも同じ音。もうずっとだけど、いったいなんの音?」

悪魔の面影

彼は教えてもらった大学の教授に電話をしたらしい。

そして「人間は——られるものか？」と質問をした。

「——ることは難しく、そこまでいった例はすくないですね」

そう教授は答えたが、おそらく質問の意図はわからなかったはずだ。


昭和二十年、その日の神戸は雲ひとつない真っ青な空だった。

Y介さんは父親や母親、近所のひとたちみんなが集まって、玉音《ぎょくおん》放送を聞いて涙を流す姿を見ていた。まわりはすっかり焼け野原だった。当時、彼は十八歳で、他の者たちのように涙を流すことはなく（やっと終わってくれた）と安堵していた。

Y介さんは生まれてすぐに、障がいのため右足の手術を受けた。

どういう症状の名前かはわからなかったが、骨が歪んでいるのは医者でなくとも見ればわかるほどだった。右足が地を踏むのは踵ではなく、足の小指と側面だった。成長とともに治っていくと医者はいったが、足はどんどん曲がっていった。

痛みなどの症状はないので、本人は気にもしていなかった。

物心がつくころには右足首は逆さを向いており、完全に足の甲が地面について歩くような形になった。右足は伸びた足首のぶん、左足よりも長くなっていた。

歩いている姿はすぐに躰が不自由な者と気づかれた。運動能力は低いと勝手に決めつけられ、わずらわしかったが、走ることも泳ぐこともできたし、なにひとつ不自由を感じていなかった。

他人との認識の違いは、考えかたにも反映される。

徴兵されることはないとわかると、まわりは彼を慰めたが本人は安堵していた。

Y介さんはもともと寡黙だったが、それとは別に世の風潮のせいで「自分は戦争がきらい」ということがいえなかったのだ。

そして終戦となった。

もう空襲に怯えなくてもよくなったが、父親が兵器に関連した工場で勤めていたこともあって職を失ってしまった。この先どうなるかわからないと不安になっていたところ、奈良にいる紡績会社を経営していた母方の親せきから「家族みんなで、こっちに越してきて仕事を手伝わないか」という誘いがあった。疎開しているY介さんの弟たちもまだ奈良にいたので、都合がいいと父親はいった。

米兵が神戸に大勢やってきて無法地帯になる、というウワサを父親は恐れていたのではないかとY介さんは思っていたそうだ。一家はすぐに奈良に移動することになった。

襟つきのシャツを着た伯父は笑顔で出迎えてくれた。

「Y坊、大きいなったなあ！　身長同じやないか！　まだ足は曲がっとるか？」

がははと、豪快に笑うと頭を撫でて足を叩く。Y介さんはそんな伯父のことがきらいではなかった。むかしからずっと子ども扱いしてくるが、ひとが触れにくい足のことも隠さずいうし、どこか対等に接してくれるひとだった。

「義兄《にい》さん、すんまへん。助かります。ありがとうございます」

父親が母親の横で深く頭を下げた。

「ええんや、気にするな。家はだれも住んでない分家の家があるさかい、そこに住んだらええ。わしも管理せんですむ。逆に助かるわ。よろしゅうな！　がははッ」

電報を打った数日後、疎開で他の村にいた弟たちも奈良の家にやってきた。大きな平屋だったので「すごい！　これからここに住むん？」と弟たちは喜んでいた。

父親は伯父の会社で経理の仕事をすることになった。

Y介さんも誘われたのだが、当面の生活に困らなさそうだったこともあり、変な意地がでてしまったので、仕事は自分で見つけるといってしまった。

ところがどこの職場も、自分たちのことに必死でひとを雇う余裕などない。

ましてや、ひょこひょこと歩くY介さんを見た途端に冷たくなり、とりつくしまもなかった。


その日もY介さんは仕事を探して歩きまわっていた。その上、道に迷ったことがわかると落ちこんでしまい、あたりを見渡すために小高い神社の石段を登った。

したを見下ろすと町が見えたが、自分がどこにいるのかはさっぱりわからない。

境内に入ると（……足、痛《いて》えな）と置かれていた木材に座りこんだ。

歩き疲れて痛いと思っていたが、靴を脱いで確認すると、右足をかばって歩く癖のせいか、左足は水ぶくれのようなマメがいくつもできていた。右足の中指も地面に擦りすぎて爪が割れ、血がでていた。Y介さんならではの症状だ。

ため息を吐いて空を見ると、赤い夕焼けがきれいだった。

やっぱり伯父さんに仕事もらえるよう頼んでみようかな、などと考えていた。

そこにひとりの老婆が階段を登ってきた。

すっかり曲がりきった腰に、頭皮が見える薄い髪と首筋の白い肌。顔に刻まれた無数のシワは、逆に年齢を不明にするほどだった。

（あの躰で石段、よく登れたな）

老婆は町を見下ろしているようだった。しばらくじっとしていたが、振りかえるとゆっくりと歩いてきた。Y介さんのすぐ近くで腰を曲げたままの体勢で座った。

「こんにちは」

Y介さんは自分が大きな声で挨拶をしたことにすこし驚いた。いままで自分からひとに声をかけることは滅多になかったからだ。老婆は「うう」と声をだしながら、ちいさく会釈をして、じッとY介さんの右足を見ているようだった。

「ごめんなさい、おばあさん。足、気持ち悪いでしょう？」

Y介さんが裸足の右足をあげて笑うと、老婆も口を開けて「ほわあ」と笑った。

「でも、痛くはないいんですよ。血は歩きすぎたから、こうなっただけやし」

老婆は口を閉じてY介さんに顔を向けた。

ほとんど閉まっているような瞼の奥に、赤く光った目が見える。すぐに夕日が反射しているからだとわかったが、老婆の表情はよく読みとれなかった。

「し……もけった……らえにに」

「え？　なんて？」

聞きかえしたがそれには答えずに「ほわあ」と老婆はさっきと同じように笑った。

もう既に歯もないのだろう、しゃべりにくいのか言葉を聞きとることは難しそうだった。

Y介さんは話をあわせるように笑うと、靴下を履きはじめた。

老婆は腰を曲げたまま立ちあがり、ゆっくりと石段のほうにもどっていった。

(石段をひとりでおりるのは大変だろう)

急いで靴を履いて立ちあがり、老婆のあとを追った。

石段をいち段いち段、おりていく老婆の傍にいって話しかけた。

「おばあさん、手伝いますよ」

老婆はすぐ横まできたのに気づかなかったようだが、肩に触れると動きを止めて彼を見た。声が届いていなかったかと大きな声で、

「手伝いますよ。一緒におりましょう」

老婆はY介さんの手を肩から離した。

(え……)

Y介さんはそのまま動けなくなり、彼女が石段をおりきるまで呆然としていた。

老婆は肩から手を掴んで離したというよりは——払いのけたように思えたのだ。


夕食のあと、伯父が一升瓶を持って現れた。

「おう！　Y坊、呑めるか？」

父親と伯父さんの三人で呑んでいるとき、あの老婆のことを話した。

「ああ、そりゃタカさんやな。まだ生きとったんかいな」

「タカさん？」

伯父は母親に「お前、タカさん覚えてるか？」と尋ねると母親はうなずいた。

「ウチらが子どものとき、よう見たひとやったね。アンタ逢うたんか？」

横にいた父親も興味深そうに伯父に聞いてきた。

「何歳のかたなんですか？」

「……いくつやろうなあ。かなりの歳やと思うけど。バアサン、口悪かったやろ」

Y介さんは「なにをいっているのか聞きとれませんでした」と笑った。

「どうせロクなこと言うてないよ。むかしから……ん？　いつからおるんやろ？」

伯父はちょっと考えこんだが、まあいいかと酒を呑み干した。

その夜、床に就いてから考えていた。

(あのおばあさん、なんて言うたんやろ)

『し……もけった……らえにに』

合間に思いだされる『どうせロクなこというてないよ』という伯父の声。

『し……もけった……らえにに』

（確かぼくの足を見たとき、つぶやいてたよな）

夕日で目を赤くした老婆の顔が頭のなかに浮かぶ。

『し……もけった……らえにに』

ウトウトと眠りに落ちかけたとき、老婆の言葉がつながっていった。

（――わかった！　足、もげたらええのに、や）


それから数日後、Y介さんは近くの靴下工場で働くことになった。

仕事に就けてY介さんの家族は喜んでいたが、まわりの従業員はY介さんの家庭ほど恵まれた境遇ではなく、みんな貧しい生活を強いられていた。

この時代、お金の価値はいまよりも低かった。食料と物資が不足していたので、なにかを手にいれようとすると違法なルートで法外な値を払わなければいけない。

国からの配給はあったが、まったく追いついていなかった。法を守ろうとして耐える者、貧しくて助けがない者から順に餓死していった。だれもが悪いとわかりながらも、なにかしらの罪に手を染めなければ生きていけなかったのだ。

時間が経てば経つほど、伯父さんの救いがなければ自分たちもどうなっていたことかと、

Y介さん一家は理解していった。

伯父は笑うのが好きなちゃらんぽらんな男だったが、考えていることは賢く、毎日食べものや、なにかしらの物をY介さんに渡して職場で配らせた。そうすることによって貧しい者の助けにもなり、足の悪い甥は職場での立場を確立する。

すべて伯父の予想した通りに運んでいった。

季節はもう春になっていた。

Y介さんが仕事からもどると、伯父さんが縁側に座って考えごとをしていた。

「伯父さん、きてたの」

「おお……Y坊。今日も足は引っくりかえっとるか」

冗談をいっているが顔は笑っていなかった。

心配になったY介さんは伯父さんに「なにかあったの？」と訊いた。

「いや……ちょっと気になってな。チビらが言うてたんや」

伯父さんのいうチビというのは、Y介さんの弟たちや近所の子たちのことだ。

「タカさんに逢ったたって。ほら、お前も逢うたやろ。あのバアサンや」

弟たちが近所の子どもと道で遊んでいると、伯父がタカと呼ぶ、あの老婆がやってきた。

いつものように感じの悪いことをいうと、すぐに去っていったらしい。

ところがそのあと、いたずら心で子どもたちは老婆のあとを尾行することにした。よたよたと進む老婆に距離を開けてついていくと、近くにある山に入っていく。

弟たちはそこで老婆を見失ってしまった。

仕方がなくもどる弟たちと、たまたま逢った伯父は老婆のことを聞いて不審に思った。山には一軒の家があるだけで他にはなにもない。そこの住人は数年前に亡くなっており、だれも住んでいないはずだ。伯父は（まさか……あそこの家に勝手に住んでるんか？）と思った。

（いや、そもそもあの老婆の家はどこだ？）

気になった伯父は知りあいのもとを訪ねて、老婆のことを訊くことにした。

その知りあいは村で最年長である九十六歳の老人だった。彼ならあの老婆のことを知っていると思った。ところが話をした途端、笑っていた老人の表情が変わった。

「アイツに近づいたらあかん」

「なんで？　タカさんのこと、むかしから知っているんですか？」

老人は伯父の目を見たまま、深くうなずいた。

「どこに住んでるんですか？　あのひとは、いま何歳なんですか？」

「知らん。ワシが幼いころから、ずっとおる」

伯父は「まさか！」と声をあげた。

「近づいたらいかん。むかし調べた若者もおった。タカはだれかがつけた名前じゃ。戦争があったらどこか行きおる。わざわざ空襲を見に行ってるんやろ。終わったから街からもどってきただけや。だれかが苦しむのを見て、それを喰うて生きとる」

「そんな人間、いるわけが……」

「もう、ひとやない。近づくな。むかし、山で若者の死体が見つかったことがある。八つ裂きにされとったわ。だれも信じへんかったが、おそらくアイツの仕業やろ」

「どう見ても、ただの婆さんやのに」

「そんなんで判断したらあかん。形は同じでも人間やない。ひとやないから家では眠らん。ひとやないから死なへんのやろ。何歳か、歳はもう……想像もつかんわ」

——そう語り終えた老人は、震えていたそうだ。

「このことは禁忌や言うてたけど……お前やから話した。だれにも言うなよ」

お前もあのバアサンに近づくな、そういって伯父は帰っていった。

それから十数年後、Y介さんは別の会社に勤めていた。

出張で地元から離れているあいだに、伯父が山で亡くなっているのが見つかったという報せが届いた。傷の状態から、おそらくは動物の仕業だろうということだったが、Y介さんは信じなかった。

さらにときが流れて――平成六年の師走、Y介さんは神戸の街へ旅行にきた。
「おじいちゃん、イルミネーション見たことある?」
大学生になった孫が優しく話しかけながら、Y介さんの車椅子を押してくれる。
すっかり変わった神戸の街はひとの活気で満ちていた。
(焼け野原がよくここまで――)
そんなことを考えていると、腰をかがめた老婆が歩いてくるのが見えた。
ゆっくりゆっくりと芋虫のような速度で歩いている。
すれ違う寸前、老婆の赤い目が神戸の街に向けられているのがわかった。
蘇《よみがえ》る記憶――なぜこんなところにという疑問が、Y介さんの頭に広がった。
Y介さんはホテルに帰ると、孫に大学の先生と連絡をとりたいと頼んだ。
「人間は何歳まで生きられるものか?」
教授は生徒の祖父からの連絡に驚きながらも、質問に答えてくれた。

「百二十歳を超えることは難しく、そこまでいった例はすくないですね」

人間ならばそうだろう、とY介さんは目をつぶって神戸の街をあとにした。

闇に浮かぶ眼

埼玉県に住む四十代の会社員、Yさんは父親とふたり暮らしだ。

住んでいるのは入り組んだ住宅街の一軒家で、そこは近年になって外国人移住者が増えた街でもあった。治安の悪さがウワサされているところでもあったが、実際はそれほどでもなく、住みやすい街ランキングなどに挙げられることもある。

父親は頑固な男だったが、電化製品と料理が苦手という可愛い一面もあった。

なんとか携帯でメールを打つことを覚えたが、文章はお粗末なものだった。

【きょう　きんじょで　ラーメン　もらったので　ので　さき　たべました】

こんなメールを読むたびにYさんは笑ってしまった。

「これ、面白すぎる。なんでカタカナ変換はできるのに、漢字変換ができないんだ」

可愛いメールのわりには、帰るとむすっとしている頑固親父だったそうだ。

心臓が弱いことだけは心配だったが、生活には差し支えがなかった。

ある夜、出張から帰宅したYさんは客間を覗いて驚いた。

中年女性と、ちいさなおんなの子が座っていたのだ。

黒い布を何枚もまとい、肌は浅黒かった。明らかに日本人ではないようだった。

「え……だれ？」

ふたりは微動だにせず、Yさんのほうをじっと見つめていた。

固まっているYさんの後ろから父親が声をかけてきた。

「おう。帰ったのか。おかえり」

「……このひとたち、だれ？　親父の知りあい？」

父親はYさんを台所に連れていくと、彼に事情を説明した。

二日ほど前の深夜、サイレンが町内に鳴り響いた。何事かとパジャマ姿で父親は外にでた。近所のひとを見つけたので、なにがあったのか尋ねる。

アパートが火事で燃えているとのことだった。

父親が「あんなとこにアパートなんかあったんだな」とつぶやく。

近所のひとも「古いアパートだよ。まだ建っていたのに驚いた」とうなずいた。

近くにいくと野次馬だらけで、それほど接近することはできなかった。建ち並ぶ家の屋根の向こうが橙《だいだい》色になっているので、だいたいの場所がわかった。

何台も消防車がきているようだったが、路地が狭すぎてアパートまで進めず、消火活動に手間どっている様子だった。翌日になって死者はおらず、建物が全焼したことを近所のひとたちから聞かされた。

また夜になり、なんとなく気になった父親はアパートを見にいくことにした。

火事の夜は野次馬が多かったせいか、路地は思ったよりも広く感じ（これくらいの道でも消防車は入ることができないんだな）と変に感心してしまった。

木が焼け焦げたニオイを感じながら進むと、かつてアパートだった建物の残骸が現れた。真っ黒になった柱が何本も重なり無惨な状態だ。

立ち入り禁止のテープが貼られた入り口の前で父親がため息を吐いていると、数メートル離れた電柱の下に影がふたつ座っているのに気づいた。

「それが居間にいる親子だ。どうもあのアパートに住んでいたらしい。いくところがないみたいだから可哀そうでな。連れてきたんだ」

「連れてきたって……ここに住むのかよ？　犬や猫じゃないんだぜ」

「まあ、別にわしは住んでもらっても構わんが、そういうワケにいかんだろ」

「じゃあどうするの？」

「いくところが決まるまで、寝床を貸してやる」

「なんで親父がそこまでしてやるんだ。どっか、そういうところに連絡しろよ」

「そういうところってどこだ？」

「施設とか、なんかあるだろ。もし不法滞在の奴らとかだったらどうするんだ？」

「どうするって、どうしようもねえだろう。助けてやらにゃ」

「警察とかでもいいじゃん。なんで親父が助けるんだよ」

「助けなきゃダメだからだ」

「だから、なんで助けなきゃダメなんだよ」

「なんでってお前、困ってるからに決まってる。困ってるひとは助けるべきだ」

「あのさ……」

そこまでいってYさんは言葉を呑み込んだ。

Yさんに向けられた父親の表情から、強い決意のようなものを感じたからだ。

「いいか。ここはわしの家だ。あの親子は助ける。わかったな」

Yさんは二階の自室でなかなか寝つけなかった。

見知らぬ外国人親子が家にいるからではない。父親の考えかたのせいだ。

口は悪く頑固だが、変に他人に優しいところが父親にはあった。彼は若いころ借金まみれになってしまい、一時期ホームレスになったと聞かされたことがあった。ずいぶんみじめな思いをしたらしい。そのときの自分と重ねているのだろう。

（好きにやらせよう。不法滞在だったとしても、たいしたことにならんだろ）

Yさんは目をつぶって寝返りを打ち、眠りについた。

親子は一階の客間にいるはずだが、その夜は物音ひとつしなかったという。

翌日の昼前に目を覚ましたYさんは、出社する準備をした。

一階の客間を覗くと、あの親子が昨夜と同じように座っていた。

「おはようございます」と声をかけたが表情ひとつ変えず、Yさんを見ている。

台所では父親が真剣な眼差しで、野菜を切りながら昼食の支度をしていた。

得意ではない料理を頑張っている姿に、Yさんは笑いそうになった。

「ああ、おはよう。メシ作ってるんだ。時間あるならお前も食べていくか？」

「いや、もういかなきゃ。なあ、あのひとたちって日本語わかるの？」

父親が首を振ったので「まあ、そんな感じだな」と置いてあったパンをかじった。

「近所で聞いたらアパートの管理してた不動産屋、すぐ近くらしい。これ作ってから、ちょっと散歩がてらに聞いてくる。あの親子の素性もわかるだろ」

「なるほど。それがいいよ。他に家族がいて心配してるかもしれないしな」

「……そうだな。なにかわかったらメールするよ」

「メール、打つの時間かかるだろ。大丈夫なの？」

「文字が大きい携帯に変えたから、打ちやすくなった。まだ変換の仕方がわからん」

「そっか。ちゃんと火の始末な。火事で困ったひと助けて自分の家、燃やしたら」

シャレにならないから、とYさんと父親はふたりで笑った。


会社で会議が終わったのは夕方になってからだった。

外は暗くなっていたが、まだ帰れそうもないのでYさんはため息を吐いた。

携帯を開くと、父親からのメールがいくつも届いていた。

「……なんか多いな。大丈夫かよ、親父」

【ごはん　できた　ふどうさん　いってきます】

いつもの父親のメールだ。やはり漢字が未だに使われていなかった。

【ついた　きいたら　たぶん　ほうか　という　こと　らしい】

「ほうか……ああ、放火か」

【いま　しら　べて　くれて　る　ちょっと　めんどう　くさそう　に】

「また空白が多いな……まあ、あの歳で文字打てるだけ立派なもんだ」

【おやこ　のこと　きいた　ら　なんか　ヘン　わからな　い】

「あ？　ヘンって……いったい、なにが変なんだ？」

【あの　アパート　じゃ　ない　かも　アパート　すんでたの　が】
【あのアパート　なんねんも　だれも　すんでない　たてもの　だった　そうだ】
【かってに　すんでいた　ホームレスか　ホームレスでも　ない　みたい　だ】
【ひと　が　はいれない　よう　に　いっぱい　いたを　いっぱい　はってた】

【あの　おやこ　だれ　か　わからない】
【みちに　いただけ　わし　かんちがい　つれて　かえって　しまった　みたい】
【いまから　かえる　きく　だれか　どこから　きたか　なぜ　あそこに　いたか】

Yさんは「なんだこのメール……大丈夫か」と背中に冷たいものを感じていた。

【いえ　ついた　いまから　きく　まだ　きゃくのへや　すわってる】
【ひるごはん　つくった　やつ　ぜんぜん　たべて　ない　みても　ない】
【あの　こども　おんなのこ　も　いちども　しゃべって　ない　おかしい】
【ヘン　ここに　きてから　ずっと　あそこに　すわって　うごいて　いない】
【きいた　がいこく　じん　じゃ　ないかも　しれない　です　こいつら】
【よく　みる　にほんご　ことば　わかって　る　みたい　だます　だましてる】
【けいさつ　か　じんじゃ　よぶ　やばい　あぶ　ない　やつら　だった】
【あのこども　こども　じゃ　なか　った　かお　あのこ　だけ　わらってる】
【いま　へやで　わらってる　おおきく　こえ　わらってる】
【すごい　こえ　はじめて　きく　わらい　こえ　このまま　だと】

【かくれる　どこか　わらい　こえ　きこえない　ところ　かくれる】
【いま　おしいれ　なか　いる　こわい　てが　ふ　ふる　ふるえる】
【しずかに　なった　みたい　おしいれ　から　でようか　どうする】
【おしいれ　でた　ようす　みに　いく　あぶない　かも　にげるか　まどから】
【へやに　いた　おなじ　きたとき　から　おなじ　ずっと　すわってる】
【でていって　もらう　ように　はなす　かえってくれる　だろう　かな】
【でんき　きえた　ふたりとも　きえた　まっくら　めだま　だけ　ういてる】
【いま　へや　で　また　わらってる　うれし　そう】
【だめだ　かくれる　また　どこに　かくれようか　しびれて　きた】
【うれし　たのし　しんぞう　まひ　ひひ】
【おまえ　いえ　かえるな　こいつら　ちがう　いま　わしも　たのしい　から】
【わしも　め　だけ　ういてる　みたいだね　ひひ】

ただならぬことが起こっていると感じたYさんは、会社から急いで家に帰った。
客室にいたはずの親子はいなくなっていた。
テーブルにはご飯と野菜炒めがふたりぶん置かれている。

父親の姿もなかった。押し入れという言葉がメールにあったので、まさかとは思いながらも、家中の押し入れを探したが、だれもいなかった。

「隅から隅まで探しましたが、どこにもいないんですよ。完全に親父の姿がなくなっていたんです。警察にも届けて翌日も探しました。何年も外も探し続けたけど、いないんですよお。明日も探しますけど。でもなんとなくわかるんです。もう親父はいなくなってあの親子がまだ家にいる気がするんですう、いないんですけどねえ」

Yさんは自分の目を指さして「浮いてます？　家きますかあ？」と笑いだした。

ぼくは取材を切りあげて、逃げるように帰った。

クマが出る街

コンプライアンスに抵触するので時期と場所は伏す。

リストラが決まったSさんは、今後の生活のことで頭を悩ませていた。

自分ひとりならまだしも奥さんと小学生の娘がいる。親の残してくれた遺産は多少なりとも残っていたが、アテにできるほどではない。

会社では人事部にいたおかげもあって、いくつかのコネクションはあった。そこから就職先を選ぶしかないとわかってはいたが、不景気でどうしても条件がひくい。さらには本来リストラ社員を決めるはずの人事部の人間がリストラされたという事実をSさんは恥と感じていたので、せっかくのツテもすんなり使う気になれない。

もうどうしたらいいのか、わからなくなっていた。

なにも決まらないまま退職の日は近づいてくる。

ある夜、娘が寝てからSさんは奥さんとお酒を呑んでいた。

「ねえ。私、パートとかしたいんだけど」

「キミは働かなくてもいいよ。なんとかするからさ」

「じゃなくて、ホントに働きたいの。あの子もひとりで留守番できる歳だし。あなたね、お店したかったって前にいってたじゃない。やりなよ」

ずいぶん前に話したことがあった。Sさんはバーテンダーになりたかったのだ。「なんのノウハウもないのに？　無理だよ、そんなの。すぐにお店つぶれちゃう」

「いいじゃない、ノウハウなくても。もしダメでもいい経験になるし。いましかないと思うのよね。もう歳も歳なんだから。やりたいことできなくなっちゃうよ」

「ショットバー？　本気でいってるの？」

「本気。でも最初は経費をかけずに安くやってみて。ボロい店でいいの。安い値段でオープンしてお酒や接客、経営のことを勉強しながら。軌道にのりそうだったらお金を貯めて、改めてキチンとした店をオープンするの。どう？　面白そうでしょ」

奥さんは彼の長所と短所を把握していた。

Sさんならやり方を模索して目標を定め、成功することを確信していたのだ。

店は驚くほど安い金額で借りることができた。

せまいカウンターだけで、九人が入ればもう満席だったが、居抜き物件だったので必要なものはすべて揃っている。酒はウイスキーが数種類にビール、簡単なカクテルが作れるジンやウォッカがあるだけだ。その他、水やトニック、ソーダやグラスは大量に酒屋が提供してくれた。

Sさんは知らなかったのだが、奥さんは卸《おろし》業者に勤めていたことがあったらしく、必要な備品や商品は取引開始のときにサービスしてくれるのを知っており、そういった交渉はすべて彼女がやってくれた。

すべての準備が整ったあと、奥さんは数十万円ほどSさんに渡してきた。

「しばらくのあいだ、閉店したら他のお店に呑みにいって。短い時間でもいいから。同じようなショットバー、遅くまでやってる居酒屋とかに。ちゃんと挨拶するの」

「なんで？　しかも、こんなにいらないよ」

「お店、わかりにくい場所にあるでしょ。だから話題にしてもらうの。愛想よく、礼儀正しくね。挨拶にいったら、向こうが勝手に他の客に宣伝してくれるわよ」

「なるほど。でも、これ多すぎない？」

「店は何軒もあるし、向こうに一杯おごる金額も入ってるの。あ、こっちから呑みにいった店の客に宣伝しちゃダメよ。それはマナー違反。嫌われちゃうからね」

店がオープンしてからも、奥さんはいろいろなアドバイスをしてくれた。

お酒の作りかたを覚えながらの営業だったが、Sさんなりに、どういう風にすれば商売が上手くいくかを考えた。初めて来店してくれたお客の名前を覚え、帰ったあとそのひとがどんな話をしたかをメモに書いて頭に叩き込んだ。取引先とやりとりをする営業時代の努力と似ていたので、そこまでの労力ではなかった。

奥さんのいった通り、終わったあと呑みにいった店は必ず宣伝をしてくれた。

オープンして二ヵ月が経ったころには、ほぼ毎日満席の人気店になった。

「この仕事、向いてるよね。Sくん」

閉店の零時前だったが、居酒屋の大将が真っ赤な顔でおかわりを頼んでくれた。

「とんでもないです。お酒もちょっとしか作れないし、全然まだまだですよ」

「ご謙遜。同業とも仲良いし、お客の評判もいいし、絶対これから上手くいくよ」

「そういって頂けると安心です。でもこの先、どうなるかわかりませんから」

大将の前にジントニックをだして、Sさんは微笑んだ。

「休み、日曜だっけ？　休みのときはなにしてんの？」

「家族サービスですね。店をやってから娘との時間が減ったので」

「いい加減なやつが多い商売だからね。定休日を守るのも偉いよ。ほら、すぐそこのバーなんか二日酔いでテキトーに店休みやがる。どう思うよ、Sくん」

「まあ体調もありますが、営業時間は守ったほうがいいですね、確かに」

お客とできるすくない約束事のひとつが営業日と営業時間だとSさんは思っていた。それを守ったほうがいいと聞いて、大将はなにかを思いだしたようだった。

「Sくん……あのさ。何事も例外を作ったほうがいいよ。絶対に営業時間を守るとか、そういうのは多分よくない。ときには、例外が大事なときもあるから」

Sさんは（自分で振ってきた話題なのに）と笑いながらいった。

「二日酔いで休むのはダメなのに、営業時間を守らないのはアリなんですか？」

「そりゃダメだよ。ダメに決まってるじゃん。でも、営業時間は別なの」

「なぜ別なんですか？　開いてる時間に閉まってたら信用失っちゃいますよ」

大将は顔を前にだして「……クマがでるの」と声をひそめた。

「クマ？　クマって熊がですか？　こんな都会に熊なんて……」

聞きかえす途中、店の雰囲気がすっと変わったのにSさんは気づいた。

カウンターの別のお客たちが会話をやめ、いっせいにこちらを見た。そして次々と「すみません、お勘定」「こっちもチェックで」と会計をするよう頼んできた。

「ほら。みんな敏感なんだよ。クマは怖いから」

そういうと大将も会計をして、なぜか神妙な面持ちで帰っていった。

そのあと閉店作業を終えたSさんは、老夫婦がやっている居酒屋に入った。

よくお客を紹介してくれるスナックのママが、ひとりで呑んでいた。Sさんに気づくと「Sちゃーん」と手をふってきた。せっかくなので彼女の横に座った。

大将の話が気になっていたので、すこし世間話をしたあとママに聞いてみた。

「ママ、この辺って熊なんかでませんよね?」

さっきのお客たちの反応を思いだしてしまい、思わず小声になってしまう。

「でるワケないじゃない。ふふ、もしかして、だれかにおちょくられたの?」

口紅がついたグラスをおしぼりで拭きながらママは笑った。

「ですよね。いや、さっき大将がそんなことというもんだから……ははっ」

するとママの顔色が変わった。

「……わかった。クマね。知らないもんね、Sちゃん。クマっていうのは」

真剣な表情になったママは、Sさんに耳を近づけて話しはじめた。

クマというのは、ある人物のことらしい。

ずいぶん前から、半年に一度くらいのペースでこの街にくる男性で、身長は百九十センチ、力士とまでいかないが、それでもかなり大きな躰をしている。いつも不揃いの長髪は肩まであり アゴヒゲを伸ばし、べろべろに伸びたシミだらけのシャツを着て、足を擦るように歩く。関西弁で話し、いま現在の年齢はおそらく五十代半ば。彼が店にくると「つぶしてしまう」らしい。

「つぶす？　お店を？　どうやってつぶすんですか？」

「そうじゃなくて。二十年くらい前、そのとき働いていた店で見たことがあるの」

当時、彼女が働いていたのは韓国スナックだった。

「オーナー兼マスターが在日の男のひとで……とても良くしてもらってたのね」

品数はすくないが美味い韓国の小料理もだし、連日繁盛していた。

ある夜、カラオケなどで盛りあがっているなか、その「クマ」は入ってきた。店には常連客が多く、巨体に驚いて一瞬だけ静まりかえったが、彼がテーブルにつくと、すぐにまた賑やかになった。

「ニコニコしてたけど、やっぱり目が違うの。ヤバいひとだってすぐにわかった」

チャームの一品をたいらげるとメニューを見て、いくつかの料理を注文した。

他のホステスがついて酒を呑み、一時間ほどで会計を頼んだようだった。

「私、他の客についてたから見てないけど、おんなの子が急に悲鳴をあげて」

ホステスとクマの前でマスターが倒れていた。

マスターは白目を剥きだしにして、信じられないほど口を大きく開けて泡を吹いている。

他の客もホステスも驚き、カラオケを止めてマスターに走りよった。

常連客のひとりが『うわッ、マスターどうしたのッ』と声をあげる。

口が異様な形になっていた。下アゴの先が鎖骨まで伸び、下の奥歯まで全部見えて舌は真っ黒になっている。客はクマに『あんた、殴ったのか？』と尋ねた。

おしぼりで手を拭きながら、クマは答えた。

『だって――こいつ、ジャンケンしてくれへんねん、仕方ないやん』

顔は来店したときのまま、ニコニコ笑っていた。

「あとで聞いたら……会計の伝票を見て『なあ、ジャンケンしようや。オレが勝ったらこの料金タダにしてや』っていったらしいよ。頭おかしいの。滅茶苦茶」

常連客は『お前……警察と救急車呼ぶからな』と携帯をだした。その瞬間、クマは素早く左手で彼の後頭部を掴んで、ぐいッと自分のほうに引き寄せた。

「手が物凄く大きいの。頭、掴まれてる客が子どもに見えたもの」

クマは右手の、毛の生えた太い指先をゆっくり彼の口に一本ずつ差し込んでいった。掴まれた後頭部が痛かったのだろう、常連客はクマの左手を離そうと抵抗したが力が強すぎて無理だった。右手全部の指が根元まで入ったが、まだ力を弱めようとしない。そのうち、ごきッという音がして手首まで口に入っていた。

白目を剥いたかと思うと、鼻の穴から吐しゃ物が吹きだす。

クマは『汚ないなあ』と発すると、そのまま常連客を左側に振り投げた。音を立てテーブルごと引っくりかえった彼の顔は、マスターとまったく同じだった。

その場にいたお客たちは悲鳴をあげて、我先にと店から逃げだした。

「だれかが警察呼んで……サイレンが聞こえても、クマは自分でお酒ついで笑って呑んでたよ。私も他の子も動けなかったわ。横にいた子、失禁して気絶してた」

「その後、どうなったんですか？　逮捕されたんですよね」

「連れていかれたけど……警察も、またお前か、みたいな感じだったわ」

「それで、その……お店はつぶれてしまったんですか？」

「ううん、オーナーは店に立たなくなったけど、代わりのひとを雇って、店はしばらくあったよ。ああ、つぶれたっていうのは、お店じゃないよ。ここよ、ここ」

ママは口を開けると、なかを指さして続けた。

「手を入れて口のなかの筋肉を握ってたみたい。アゴと……喉のところに舌の骨みたいなのがあるらしくて、それも折れちゃったって。つぶすのは店じゃなくて舌よ」

「舌、ですか……そんなひとがいるなんて……」

「人間って舌握られたら目が半分くらい飛びでるの。物凄い圧なんでしょうね」

「……」

「いままでは街でクマを目撃したひとが『クマがでた』ってみんなに連絡まわしてるの。もしSちゃんもそれ聞いたら、営業時間関係なく、すぐに店を閉めて」

そこでSさんは大将の『営業時間』の話の意味をやっと理解した。

そのあとの数日、Sさんはこの危険な話を集めていった。

彼のことは街での第一優先事項らしく、いろいろなひとが教えてくれた。

クマという名前はまわりがつけた名称で本名はわからないということ。ひと晩に何軒か呑みにいくこと。口に手を入れて相手に大怪我をさせ続けてきたということ。ひと晩に何軒か呑みにいくこと。現れても必ず暴れるワケではないし、必ず支払いをしないというワケではないということ。暴れるのは気が向いたときだけということ。なにかの間違いで逢ってしまったら決して機嫌を損ねないこと。しかし怒らせないように愛想をふりまいてもムダということ。道を歩いているときもニコニコ笑っているということ。しばらくこないときは別の都道府県にいっていること。警察も手出しができないということ。彼が本気になると家にまでやってきて、家族に同じ仕打ちをするということ。

想像しただけでも、身の毛のよだつウワサばかりだった。

Sさんが「さすがに家にはこないでしょう」と苦笑いをすると大将はいった。

「……前はこの街でも『ケツ持ち』っていう悪い風習があったんだよ」

むかし、その筋のひとたちの保護を受けて、商売をする経営者が実際にいた。

数店舗の連中が悩んだあげく、彼らに解決を頼んだことがあるらしい。力を力で解決しようという試みだったが、過去になにがあったのか、暴力が本職である彼らもクマのことは断ってきた。理由は「さすがに家までこられると困る」だった。

「とにかく気をつけるしかない。もうこれは災厄と同じなんだ。大丈夫、もし彼が街にきたら、すぐ目撃情報があるから。Sくんのところにも連絡がくるよ」


オープンの準備をしているときに降っていた雨はさらに勢いを増していた。

時計を見ると午後七時半を過ぎていたが、まだひとりのお客も来店していない。

(雨の日だけは、どうしようもないな)

Sさんはため息を吐きながら椅子に座り、カクテルの本を読んでいた。

ドアが開く音が聞こえたので立ちあがり「いらっしゃいませ」と声をかける。

入ってきた大柄の男性は席についた。傘をさしていなかったようで、長い髪からしずくが垂れている。カウンターに並んだ椅子に、どすんと乱暴に座った。

Sさんは（まさか、このひと……）と青ざめた。

男性はニコニコと笑いながら「おう、ビールくれや」と関西弁で注文してきた。

（どうして？　街にきたら連絡がくるはずなのに）

混乱しながらも、サーバーのハンドルを傾けて、グラスにビールを注ぐ。

（まだ、どこの店にも入ってなくて……ここが一軒目なんだ……どうしよう）

冷静になろうとするが、どうしても残酷なウワサを思いだしてしまう。

Sさんはなんとか手の震えを抑えながら、コースターとグラスを男性の前に置いた。グラスを持つ手は大きくて丸みを帯び、まるで毛の生えた芋虫のようだった。

「こんなところに店できててんなあ。初めてきたわ、この店」

「こ、ここはまだ三カ月も経ってないんです。お住まいはお近くですか？」

Sさんが尋ねると、男性は「めっちゃ濡れたわ」と関係のないことをつぶやく。

「雨、降るなんて聞いてへんぞ。なんで前もって教えてくれへんかったんや」

「……て、天気予報もあてにならないですね。傘はお持ちじゃないんですか？」

「やっぱ肉、喰いにいこうかな。おれな、好きやねん。赤い、生っぽい肉とか」

「お、お肉ですか？　どこかお勧めの焼肉屋さんとかあるんですか？」

「なんか今日はイライラするねん。そういう日ってあるよなあ」

こちらがなにを聞いても、質問の返答がなく、会話がまったく噛みあわない。ただビールが入ったグラスを見ながらしゃべっていた。

「なあ、あんた。声、聞こえへんわ。もっと、こっち、おいでや」

自分でも気がつかないうち、いつの間にか距離をとっていた。

「あんた、おれのこと知ってるんと違うか。なあ。おれがだれか知ってるやろ」

Sさんはどう答えるか迷ったが、黙ってることだけはできない状況だった。

「……ち、違ったら失礼ですが『クマ』って呼ばれているかたですか?」

男性は漆黒のような目をSさんに向けて、初めて質問に答えた。

「やっぱり知ってたんか。このへんの店の奴らはウワサ好きやからのう」

そういうとクマはグラスを干して「おかわりや」とグラスを前にだした。

「そうか、知ってるか。ほんだら、おれがなにをしてきたかも知ってるわな?」

Sさんはビールを注ぎながら「は、はい」と返事をした。

いま自分はかなり動揺している。クマはそれを見抜いているような気がした。なんとなくだったが、答えを間違えると酷い目にあうと直感し、正直に答えたのだ。

空のグラスをとり「お、お待たせ致しました」とビールを差しだした。

すると突然、クマはSさんの手を素早く掴んで、自分の顔の近くに引き寄せる。

「ひッ！　や、や、止めてくださいッ」

クマは笑顔を消して「うちの親な」とSさんの目を見つめた。

「首吊ってもうてな。死んどってん」

「えッ？　な、な、な、なんですかッ！」

「借金取りがなあ……エグい取り立てしおるねん。小学校から帰ってきたら、ふたりとも首吊って死んでるんや。ぶらーんって、ぶら下がっとったわ。そりゃびっくりしたで。おとんッ、おかんッて叫んでなあ。すぐに床に下ろしたんやけどな、もう死んどるねん。硬くなってもうて。足も腕もぴーんて伸びたまま、もどりゃせん」

「わッ、た、助けて、助けてッ！」

「骨が外れて首も長くなっとる。あと、ベロや。びろーんってベロがでて、面白かったわ。そのベロをじっと見てたら、なんか妙に愛しい言うんか、可愛い思えてきて、手でな、掴んだんや。ぎゅううッて。言うやろ。ウソつきは舌抜かれるて。あいつら『ウチは大丈夫や、お金のことは心配せんでええ』なんて全部ウソやった。せめて最後に親孝行しなアカン思って、ふたりの舌を思いっきり引っぱってあげたんや。感触がまた堪らんねん。ぢゅるうーって汁がでて気持ちいいんや。そっから中毒や。男の舌もおんなの舌も、年寄りの舌も子どもの舌も大好きになってもうた」

クマはにっこりと笑って自らの舌をだすと、Sさんの手を舐めはじめた。

「笑ってたわ。おとんも。おかんも。嬉しそうに。舌引っぱってくれて、どうもありがとう言うて。最高の笑顔や。見てみ。見んかッ！　背中におるやろッ！」

Sさんはガタガタと震えながら、クマの後ろに顔を向ける。

中年の男女が右肩と左肩からこちらを覗いていた。

口から長い舌を垂らし、真っ赤に充血した目で笑っていた。

「うあ、うわああぁッ！」

突然、掴まれた手を離されて、Sさんは後ろに倒れ込んだ。

クマは立ちあがると「あ」とちいさく声をだした。

「ごめん、ビールこぼしてもうてたわ。もういくわ。勘定これで足りるか」

千円札を二枚、カウンターに置いてニッコリ笑った。

そして「正直に商売するのがいちばんやな」とドアを開けて帰っていった。

腰を抜かしたSさんはしばらく動けなかった。

だが、すぐに（……連絡しなきゃ）と立ちあがり、携帯を手にとった。

「も、もも、もしもし、た、大将！　き、きまきた、きました、きましたよ！」

「ん？　なんだ？　大丈夫か？　きたって、なんだ？　いったいなんのことだ？」

「ク、ククマ、クマが、クマがでた、で、でたんです！　こわ怖かったです！」

まだ恐怖が抜けきれておらず、震えながら必死で大将にクマのことを伝えた。

大将はSさんの無事を確認して、急いで店を閉めて家に帰るよう指示してきた。

「もしかしたら、もどってくるかもしれん！　いまから電話でみんなに知らせる！」

Sさんは「わ、わかりました」と電気を消し外にでて、シャッターを下ろした。

周囲をうかがいながら、ひと通りの多い道路に向かって走った。電柱の影からクマが現れそうで怖かった。途中、店のお客に逢ったが挨拶する余裕などなかった。

タクシーに乗ってからも、ヒザの震えが止まらない。まるで壊れた玩具のように、ガタガタ揺れ続けていた。さっき間近で感じた狂気とこの目で視た得体の知れないものが何度も蘇ってくる。大きな深呼吸を何度かすると、やっと落ちついてきた。

クマは完全に狂っていた――それはわかる。しかし、あの両肩からSさんを覗いていたものの正体がわからない。クマのいっていたことが本当だったら、あれは彼の両親なのだろうか。あれが憑いていることが、彼の狂気と関係あるのだろうか。

世のなかには本当に邪悪なものがいる、しばらく店を続けたら違う街で、今度は危険なことはないか、ちゃんとリサーチしてから店をやりなおそうと思った。

家に到着したので「ここで」と停めてもらい、料金を払ってタクシーを降りた。

玄関の前にクマがいる。

あとがき

皆さん、お元気でしょうか。怪談社の奴隷書記、伊計翼です。

私は糸柳さんからのサプリメントでなんとか元気に生きています。最近、足の鎖を二メートルほど伸ばしてもらい、ひとりでトイレにいけるようにもなりました。

退屈しているときはユーチューブを観せてもらえるし、監視つきですが時々、拘束具も外してもらえます。これも皆さまのおかげです。ありがとうございます。

そんな『怪談社ベスト　邪の章』はいかがだったでしょうか。

懐かしい話を振りかえりながら書かせて頂きました。削除した箇所を足して魅力が増しているといいのですが、いかんせん実話怪談というものは聞いたまま全部の情報を書き綴ると創作臭が半端なくなってしまうので困ったものです。かといって面白い人物像をきっちり書くと、創作を超え、別次元のふざけた内容になるのが「リッチ伝説」で再確認もできましたね。

ちなみに、久しぶりに「リッチ伝説」のTさんとテレビ通話で話したところ「オレが鯉にクロワッサンをあげたところを削除してくれ」という絶対だれも気にしていない要望がありイラッとしました。以前と比べ、彼はふたまわりほど太っていたので（脂肪率がリッチになったのも、なにかの祟りなのかなあ）とぼくは思ってしまいました。恐ろしいですね。

世間では、不要不急の外出への注意喚起がなされていますが、ぼくみたく、外にでる必要のない人間は特に困っていません。ほぼ不満はありませんが強いていうならば、パソコンの調子がもう一年半以上悪いのに買い替えてくれない怪談社のセコさと、その要求を忘れている上間さんへの憎しみが募るくらいです。

今回も書いている途中に画面がふっと暗くなり、データが消えることは何度もありました。そのことを上間さんにいうと「ちゃんと保存してましたか？　保存してなかったら消えますよ」と当たり前の返事がかえってくるので、ぼくの殺意はすごいことになっています。でも「落ち込むこともあるけれど私は元気です」という魔女宅精神でなんとか乗り越えました。

こんなバカなことをだれが最初にいいだしたのか不明ですが、陰謀論によるとワクチンを打つことにより5Gとつながるらしいです。ぼく的には5Gでもなんでもいいから、ターミネーターみたいなパソコン内蔵の機械の躰がはやく欲しいです。

あとがきなのにチョッピリ愚痴っぽくなってしまいましたね。すみません。

去年同様、まだ世界の混乱は治まっていませんが、屋内で楽しめる怪談本を手に国難をみんなで乗り越えたいですね。

はやく日本が明るくなり、暗い怪談会にまた参加できるようがんばりましょう。

私も怪談社でたくさん怪談を集め、皆さまを恐怖で○す準備をしておきますね。

それまではお元気で、どうかご自愛くださいませ。

令和三年　ご自愛、初使用の秋口　伊計　翼

初出

※改題及び加筆修正しています。

廊下で報せ　書き下ろし
対応　書き下ろし
噛っていた　書き下ろし
逃げろ逃げろ　書き下ろし
最近　書き下ろし
だれだ　己の章「誰だ」改題
頭いいよね　書き下ろし
室内魚　戌の章「ぷくぷく」
花首　戌の章
部屋に呼ばれる　書き下ろし
マンホール　庚の章
怖い車　己の章「中古車」「事故車」「おいで」改題
首塚の話　庚の章
電話中　己の章「身内」改題

恐地　戌の章
見知らぬ老婆　書き下ろし
怪しい電話　書き下ろし
応報　己の章
末路　庚の章「あたり前」改題
変わってない　戌の章
ため息　戌の章
通話　戌の章
不明　戌の章
どこかな　書き下ろし
換気扇の声　書き下ろし
刀と占いの話　己の章「刀」「占った」「刀が置かれる」改題
祖父の秘密　戌の章「マジで」改題

おとうと　庚の章
シルエット　書き下ろし
心霊写真　書き下ろし
スカートと足　戊の章
殺したから　戊の章
ご注意を　書き下ろし
共有　書き下ろし
山の祠　己の章「ドライブ」改題
金持ち　己の章
夜火　己の章
コテージの煙　書き下ろし
別の子　庚の章
ラブホのノート　書き下ろし
もう一度だけ　己の章
リッチ伝説　庚の章「リッチリッチ」「さよならリッチ」「リッチアゲイン」改題

呪い　書き下ろし
歩いていた　庚の章
廃団地の車　己の章「廃団地」改題
北陸にて　己の章「白い」改題
ガジュマル　書き下ろし
地蔵　己の章「地蔵たち」改題
床下の井戸　書き下ろし
人形と遊んだ　書き下ろし
もうひとりいる　庚の章
驚き慌て　書き下ろし
真夜中の少女　書き下ろし
鳥居の道　書き下ろし
思いやり　書き下ろし
悪魔の面影　庚の章
闇に浮かぶ眼　書き下ろし
クマが出る街　書き下ろし

怪談社THE BEST 邪の章

2021年11月5日　初版第1刷発行

著者……伊計 翼
デザイン・DTP　……荻窪裕司(design clopper)
編集……中西如(Studio DARA)

発行人……後藤明信
発行所……株式会社 竹書房
〒102-0075　東京都千代田区三番町８－１　三番町東急ビル６F
email：info@takeshobo.co.jp
http：//www.takeshobo.co.jp
印刷所……中央精版印刷株式会社